全国中学生校园美文精品集萃丛书

我 的 青 春 我 的 梦

叶上初阳干宿雨，水面清圆，一一风荷举

盛开在青春的白莲

《中学生博览》杂志社 选编

时代文艺出版社

图书在版编目（CIP）数据

盛开在青春的白莲 /《中学生博览》杂志社选编. —长春：时代文艺出版社，
2018.8（2023.6重印）

（"我的青春我的梦"全国中学生校园美文精品集萃丛书）

ISBN 978-7-5387-5766-8

Ⅰ.①盛… Ⅱ.①中… Ⅲ.①作文－中学－选集 Ⅳ.①H194.5

中国版本图书馆CIP数据核字（2018）第003495号

出 品 人 陈　琛
产品总监 郭力家
责任编辑 曾艳纯
装帧设计 李　斌
排版制作 隋淑凤

盛开在青春的白莲

《中学生博览》杂志社　选编

出版发行 / 时代文艺出版社
地址 / 长春市福祉大路5788号　龙腾国际大厦A座15层　邮编 / 130118
总编办 / 0431-81629751　发行部 / 0431-81629758
官方微博 / weibo.com / tlapress
印刷 / 北京一鑫印务有限责任公司
开本 / 700mm×980mm　1 / 16　字数 / 153千字　印张 / 11
版次 / 2018年8月第1版　印次 / 2023年6月第5次印刷　定价 / 34.80元

编 委 会

目 录

我们相隔人山人海

盛开在青春的白莲

高考结束后的某一天，我梦到了你。梦中你打我，我哭了。第二天，得知你和Z在一起了。本以为经历了繁忙的高三早已淡然，不料无名的忧伤再次蔓延，急切地想向别人倾诉，却不知从何说起，只好自己默默开导自己。

呵呵。

山有木兮木有枝，心悦君兮君不知。

呵呵。

感谢你，成就了我高中里唯一的一段苦恋。

盛开在青春的白莲

Fanfanfan

记得电源的输出功率随外电阻的变化吗？在物理王后雄3—1的108页。那部分知识是老班让你讲的。呵呵，那时开始发现你帅的气质。台上你胸有成竹一气呵成，台下我目光聚焦超然物外。从那时起，你的一颦一笑，开始不断进入我的视野。

每次和Y相会，我都神采飞扬地给她讲你发言时的动作和表情，必要时，还会模仿给她看。得益于你和Y的熟络，我向她了解了更多初三时候的你。

那时的你，在我心里是多么圣洁的一朵白莲。

于是，在忙里偷闲的日子里，情不自禁地偷看你成了一种习惯。这份不为人知的情感，一度成为我学习的动力，又一度影响了思绪，控制了心情。我暗想，要是在古代，你一定是个标准的美男子。

我的世界就这样轻易地被你击中。

呵呵，我并不知道，究竟是真正的你还是幻想中的你让我的心如此错乱？我不是大胆的女同学，只知道悄悄地将这份错乱无章的心情匿于心底。不敢主动接近你，因为害怕自己的缺点暴露于你面前；喜欢听别人讲你过去或现在的趣事，却没有勇气问你一道题；习惯性地看一眼学校后门，却不敢聪明地制造一次有意的邂逅。记得以前每周五语文晚自习都会由一位同学为大家讲解一篇古诗词。《八声甘州》是我最用心学的，因为是你讲的，也很爱另一位同学讲的《咏素蝶诗》，因为最后一句是"嘉树欲相依"。

记得高二某天晚上放学后，H让我看月亮，问我想到了什么。我没有说，因为我想到了你。那晚的月亮很完美，不妖艳的白光明丽惬意，悬挂于尘世上空的姿态呈现出独特的豁达脱俗的气质。可是它并不知道人群中微不足道的我正在如此欣赏和倾慕他。

那段时间，我做了许多从没做过的事：摘抄最美情诗，看微小说，做完试卷后悄悄写下关于你的小诗。这些以前我很不屑甚至非常鄙视的小女生的事情，如今竟也会乐此不疲地做。Y总逗着说我没出息。我承认，因为我和你说话会语无伦次不合逻辑，而你偶尔坐到旁边，我又会紧张而心跳加速。我始终希望展现在你面前的是我最美好的一面，尽管总事与愿违。在班里演英语话剧《威尼斯商人》中的夏洛克是我最成功的一次，不是因为我们组得了第一，而是因为我终于在有你的场合表现好了一次。

高二的时光，成了我挥之不去的一部童话，活在自己小小的世界里，在小小的幸福中尽情沦陷。

但是后来，Z的出现使我的视野中变成了两个人，也使我的梦开始支离破碎。不想看到同学们玩水时她躲在你身后；不想看到她下了课不停地去找你；不想看到她玩你帽子上的两个灰色绒球；不想看到她站在楼门口等你，然后拉着你的胳膊一起上楼；不想听到Y无意间告诉我，她看到你们撑同一把伞、在门口互相等候……

我觉得你是被亵玩了的莲。

过后我又觉得自己的想法太不善良，我不想自己变得这样多愁善感。或许是趋利避害的生物本能，在潜意识里我选择了淡忘。我果然做到了，我不再害怕面对你，终于可以在看到你们时不产生任何感觉，终于可以在你坐到我们组里时心里云淡风轻。而我也更加将精力放到其他快乐的事情上。

本以为一切就要这样下去，直到高考。但是当你们组坐到我们组前面时，一次，不经意向你问问题，正常思路的讲解再次触碰了心底的弦，酸涩的旋律再次漾满整颗心脏。高三的我知道自己该怎样做，于是这份不堪一击的小小情感变成了不会萌发的种子，深埋在那段充斥着拼搏与梦想、甜蜜与疼痛的高三。只是会在图书馆偶遇你后去翻看你看过的《清史》，之后每天跑图书馆渴望再一次的相遇；会在闲暇时认真看你给我讲过的物理题以及书上留下的从来舍不得擦掉的铅笔痕迹。

如今，关于你最美好的记忆便是那些日子里，你我笑点相同时不约而同地相视大笑，只有那时我才觉得和你心灵上有所呼应。当然也忘不了高三和你背靠同一根柱子背书时的满足；忘不了老班逗你的点滴桥段；忘不了找不到图书馆的书后你告诉我"没事，不用还了"；忘不了那本全是理综选择题的参考书，因为那上面你教我的题有许多。

高考结束后的某一天，我梦到了你。梦中你打我，我哭了。第二天，得知你和Z在一起了。本以为经历了繁忙的高三早已淡然，不料无名的忧伤再次蔓延，急切地想向别人倾诉，却不知从何说起，只好自己默默开导自己。

呵呵。

山有木兮木有枝，心悦君兮君不知。

呵呵。

感谢你，成就了我高中里唯一的一段苦恋。

万 乡

纪艺娴

往往都是在窗外渐渐弱下去的广场舞音乐声里得知黑夜的来临，然后我收拾干净桌面上的书本水笔去洗澡。卧室微弱的灯光里总是弥漫着凛冽的香樟气息，并且这样的气息依然不断地从窗口涌进来。于是翻开一本福克纳或者孔尚任，随随便便就读起来，总是能一直读到深夜，甚至是凌晨。

似乎暑假就是沉浸在一种长歌一样的慵懒里晒太阳。然而或许我们并没有意识到，这样的慵懒只属于我们，还能继续在校园里待下去的我们。

或者说，仅仅是我。

8月中旬，我在旅游结束回家的路上邂逅了朋友桥北。距离我上一次遇见他，已经过去了整整一年。他停下来跟我打招呼。走到他身边的时候，我忽然觉得，桥北身上，有一种漂泊异乡之后才会留下的气息。

桥北高我一届，初中时是一间乡村中学的学生。与他母校相似的中学其实很多，位于人口不多不少的乡镇，师资并不雄厚，学生成绩也不好，整日整日地荒废学业，教师们也是听之任之。桥北基础很差，幼年时父母就经常不在身边，是野惯了的孩子。上了中学更是爱玩，不爱呆在学校里上课，就爱逃学。到了初三即使他想改正也来不及了。

中考成绩出来的那天晚上，他发信息给我，几乎是一种故作镇定的语气，他说："我要脱离苦海了，你接下去还是要好好学啊。"我一问，才知道他的分数距离全市分数线最低的中学还有一分之差。一向笨拙的我不知如何安慰他，只能说一句根本没有作用的——加油。

加不加油又能怎么样呢？他上不了高中，家长又不让他上中专。只能早早出外打工。用桥北的话说，"怕是不可能有出头之日了"。

他说，他不想要和别人过一样的生活，想去看看外面的世界。

查完分数的第二天，他就去打工了——当二十四小时便利店的收银员，有时上晚班的时候站了一个多小时都没有顾客，但是他必须站在收银台，间或摆弄摆弄手机，也找不到人陪伴。工作完回到住处随便洗洗就睡了，经常吃了上顿没下顿。

显然，慵懒并不属于他。

本来对他来说可以想吃吃想睡睡高枕无忧的暑假，也不属于他了。

是的，他再也不能喝着两块五的冰水坐在村口那棵大榕树下和叶间落下的阳光寒暄，也没法骑着他那辆山地自行车去篮球场上恣意挥洒汗水，而在教室大风扇下吹着掉落在桌上的粉笔灰的日子，更加一去不复返了。

一转眼一年又过去了，身上有着异乡气息、与去年的模样相去甚远的桥北站在我面前。他的眸子里有像城市夜灯一样的光，服饰、举止与故乡小镇变得几乎格格不入。他是在城市里天天打拼的人，而我是在日光灯下日日做题的学生。至于我们曾经一起疯玩一起打球一起在补习老师家刷题和开小差的日子，好像已经离我们很远了。

"桥北。"昔时熟稔的名字如今出口却略显生涩，他轻声回答，眼前那个熟悉又陌生的少年依然像过去那样对我微笑。

其实我想问他，一年过去了他的生活有没有好一点儿，他会不会经常感到疲倦，他还像以前那样抑郁吗。但是我明白，这个微笑完完全全解释了一切。就像雨水落入河，河水流入海洋，落叶埋进泥土那样自然，这是我们之间天然的密码。

我们是不一样的，又是一样的。我们常常会因为想要标新立异、与众不同，而迷失自我。然而最终，我们的生活方式如此不同，然而我们为了自己的生活所做出的努力，实质上并没有区别。

　　"城市慷慨亮整夜光，如同少年不惧岁月长。"

给爱一个机会

曹梦琪

空着手走出一家又一家店，我盯着日历，12月11日，那是他的生日。

送钱包？太俗。

送围巾？他从不用那玩意儿。

送巧克力？他会怪你乱花钱。

……

反反复复辗转了一个星期，我都没有选好一件令人满意的礼物。毕竟，从未给他送过任何东西，在这方面一向是白痴；况且又想，无论买什么，花的都是他的钱。

还没选好礼物，这一天就到来了，依旧是平淡的一天，上课、下课，早餐、午餐、晚餐，重复循环。只是一个空当儿，我突然想起，几十公里外马路边那幢房子里，此刻应该是嘈杂的吧。他的脸上，是带着一脸平静的笑，还是略显失落——这是她走后的第五个月。

我想起楼上那只孤单的兔子，那是她准备给他庆生的，想起那个总是起得很早把门前的水门汀冲得锃亮的身影，那个扛着锄头从地里回来叹息不止的背影。假使有另一种可能，此刻她应该正在厨房里忙进忙出，累得满身是汗吧。如果故事正常进行，她应该正忙着张罗那一桌酒席。

想到这里，眼眶有些湿润，此刻的他，会不会也在一群人的欢声笑语中低下了头，想起那个眼神，突然想痛哭一场。举起酒杯的手，会不会有那么一瞬间在半空中，尴尬地下落。

想到这里，记忆混淆了我的思维。

拿起手机，没有将祝福直接发给他，而是写下一条征集祝福的消息，转发了几个群。我想起曾经有人发帖为她的哥哥求祝福短信，于是也想为他收集来自各地的祝福。陌生的短信，意外的惊喜，这是我能想到唯一合适的礼物。

太阳已经快要落山，很快便收到了很多回应，陌生人总是可以带给你温暖。想想其实很多时候，我们的感动大都来自一些素不相识、未曾谋面的人的帮助。因了他们本来没有义务而你也不曾期待他们给你的，他们却给了，这便是感动吧。

那个晚自习我一直在想象着他收到接连不断的短信时是什么表情，有什么感受。那些短信里又写了什么？长长的祝福或是简单的一句"生日快乐"我不得而知，只是期待着快些回家。

一个月以后踏上了归途，看着玻璃窗外的铅灰色世界，沿途的风景迅速地在眼前倒退，然后，便睡了过去。

梦里是一双灰色的大手，指甲是洗不掉的灰黑色。

漫长的行驶后感觉车速开始减缓，然后渐渐停了下来，接着是门开的声音。有人下车，有人上车。朦胧中听到一个似曾相识的声音，我于一片混沌中猛地睁开眼，转过头去寻找声音的主人，一眼就看到了站在门口的那个熟悉的身影。佝偻的背，微卷的头发，一点儿都没有变。

"爸！"我大喊一声。

"呃……啊？"他显然是愣住了，有些惊讶，但脸上马上又恢复了平静。

"放假了吗？"

"元旦。"

"……"

本不善言谈，再加上晕车，于是没有再说话。剩下不远的路程，两个人一起回了家。

刚进家门，他便问起那些短信。

"我那天收到好多短信，是你同学吗？"

"唔……不认识。"

接下来他像个孩子一样刨根问底："不认识的人也发么？""是谁发的你都不知道啊？""他们怎么知道我的姓氏？""我还以为都是你的同学呢。"……

他饶有兴趣，我亦认真作答。从那好奇的表情里，我看出了一丝欣喜。一阵欣慰涌上心头，虽然没有来得及收集到更多的祝福，但我知道，寥寥十多条短信还是给了他很多感动。

饭后忍不住去翻看他手机里的短信，温暖无比的句子，竟然让我好不自在。我不知道他看的时候眼眶有没有湿润，因为有一条短信这样写着："你一定是个幸福的父亲，因为你有一个爱你的女儿，她让我跟您说'生日快乐'，作为女生的我也觉得像您女儿这样的人真的很少很少……"看到这里，突然感到无地自容。这么煽情的句子，恐怕还是第一次有人对他说。自始至终，我们的对话里从来没有出现过"爱"这样的字眼。往下，"曹爸爸，生日快乐！""生日快乐，希望你一直幸福。""生日快乐。"……直到最后一条写着"爸，您辛苦了，生日快乐"。

我合上手机，有些不好意思面对此刻正喋喋不休的父亲。他脸上的表情依旧欣喜，一边刷着盘子一边描述着他的惊讶。他说好多人叫他"曹爸爸"，他说他们的嘴真甜啊，他说……

那是母亲走后父亲脸上第一次出现这样的笑容。我看着他脸上快乐的表情，知道他是真的打从心里被感动了。也许从未收到这样特别的礼物，更重要的是他突然发现：女儿长大了！

想到这里，我背过身去，眼眶里噙满了泪水。十六年来，从未亲口对他说过一句"生日快乐"，从来都不懂得怎么去关心他，而今只是几条短信就让他这么开心。

　　其实我们身边的父母是很容易满足的啊，他们日夜辛勤为你付出，他们不指望你回报他们金山银山，有时候，只是一句温暖的问候，一句温馨的关怀，一条简单的短信或是单纯的陪伴都可以带给他们很大的满足。我望向墙上的黑白照片，这道理早该明白，只是已经来不及。

　　有时候我们不善于表达，总是错误地以为自己什么都给不了他们。但其实不是，也许我们以为微不足道的，正是他们期待已久的。也许，他们一直都在等你，等你说出那句从未说出口的——我爱你。

　　阳光微斜下来，我伸手触摸。真的应该，趁着天气尚晴，阳光正好，给他们一个拥抱。趁着时光未老，他们还在，给爱一个机会。

盛开在青春的白莲

不见了手机

米 程

又下雨又冷，这就是所谓的秋天吗？我愤愤不平。即使吃完饭我还是觉得身体在发抖！人群中我左顾右盼地，无意间瞥到了迪诚，我们之间隔着三四个人，在熙熙攘攘的饭堂门口。

刹那间，我想隐身，转而觉得不太现实。刚踏出半步，耳朵旁边响起一个很好听的声音，头上出现了一把伞。

"去哪里？"

我冲他笑了笑："超市。"

不想麻烦他送我回宿舍，他旁边还有同学。

"谢谢啦，再见！"

"再见。"他也冲我笑笑，转身又走向雨帘。

我凝望着他和同学下楼梯的背影，挺拔的身姿有一种魅力。但是，好像自己变得特别渺小、卑微，不喜欢这样的自己。

"同学，可以借一下手机打电话吗？"

不经意被这样温柔的话语轻轻地拉了回来。我抬头望了望眼前的男生，白皙脸蛋上的刘海儿被雨水打得有点儿湿，暗红色的马甲也是。

这世道还让不让人活，又帅又高又白的"欧巴"通通被我遇上了吗？世界的平均颜值肯定是被我拉低的。

我笑了笑，拉开书包拉链，拿出手机，解开锁，弄出拨号键盘递给他。他接过后，把他的手机塞到我手里。

其实，我是相信他的，用不着把手机押在我这里。

他走到超市旁边那块空地的栏杆前，空地往前沿着斜坡走可以通向另一个饭堂。捏着他的这个旧手机，我有点紧张我的手机了，那可是我新买的小米。

"同学，别走远了。"我尽量走近喊着他。

他依旧在栏杆前徘徊着，偶尔跳动着双腿。

他一点儿一点儿地向前移动着，然后沿着短短的斜坡晃进了另一个饭堂，转眼就不见了！

我脑袋"轰"的一响，拔开双腿就追上去。一楼食堂已然人去楼空的景象，大家都吃完饭了，只有几个穿着红色制服的阿姨在擦桌子，只剩几个学生在低头吃饭。

没有暗红色马甲的身影，我双腿一下软了下来，但还是不甘心，问了问饭堂阿姨，他们摇摇头说没有看见。

鼻子一下子酸了，眼里一下子噙满了泪水。他或许是校外人员，肯定很难找到的，想到这里，泪水一涌而出。

回到宿舍，我赶忙借同学的手机打电话给茂哥。

茂哥带着我去学校监控室调了监控，却没在一楼饭堂发现他的身影。

晚自修的时候，茂哥叫我出来："你的卡呢？你是说他用过你的卡打电话是吗？把你的卡拿出来，我们来看看他打给了谁？或许正是打给他自己的电话号码。"茂哥分析道。

事情终于有点儿眉目，我舒了一口气，快步走进教室拿卡。

卡插进茂哥的手机后，果不其然有个拨出的号码。但是这个号码预料之中地拨不通。但循着这个路子，茂哥找了学生处，查了查这个号码的归属。不料，发现没有在校生是用这个号的。

茂哥和我一起回教室，几个同学小声嘀咕着，追问着我和茂哥。

迪诚静默地听了一会儿后说："也有可能他是大学生，美大的。

我听说他们学校最近也发生过类似的事情。"

茂哥觉得有道理，便决定第二天去问问。

他们学生处竟然查到有这个号码，是个毕业生的。于是他们学校立马扣留了这个学生的档案。

两天后，这个号码竟然拨通了。

茂哥说，这个号码是那个作案者舍友的，于是通过他找到了作案者。

某天下午，我被叫到办公室，看到了依旧穿着暗红色马甲的他。我很漠然地看着他。

"我都说会还给你的啦，急什么？"他一副浪荡不羁的样子。

"谁要你的破手机啊！"我把他的手机顺着桌面扔过去，跟茂哥说了一声就跑回教室了。

去见他之前，心里想象好几种对话方式，这种却在意料之外。

还好我吼回去了，心里也没有那么不爽。

在走廊碰到打热水的迪诚，他问我拿到手机了没。

我说拿到了。说完他就把水杯递给我，我这才注意到他竟然帮我打满热水了，握在手里暖乎乎的。

我连谢谢都忘了说，只是一直笑。

还有音乐和美食不可辜负

曹怡宁

很难得的一个半天的放松，没有作业。我打开客厅里的唱片机，然后，拿起椅背上的围裙，穿上，系好。

厨房应该是我家最出彩的地方了吧，开放式的，从洗碗池前的窗子望过去可以看到小区后面的花园和人工河。乳白色的瓷砖墙面和地砖，配上浅灰的大理石台面，没有一点儿突兀。灶台、厨具，清清爽爽，呼应着洒满秋日午后阳光的吧台。

从冰箱冷藏室里拿出解冻好的五花肉，肥瘦均匀，放在竹制案板上。阳光从窗子里探进来，客厅里的唱片机奏着慢板。忽然觉得，要是时光此刻停住，多好。

不放假的时候，我整天地呆在学校，从天蒙蒙亮到满天星斗。每日的耳提面命，机械式的识记，一堆堆耀武扬威的试卷和习题，一个个深不可测的夜，还有朦胧的双眼，都统统朝着一根无形的指挥棒——高考。每每感到压抑的时候，我就习惯性摔笔，低声地骂道："滚蛋吧高考。"

沉闷，暴戾。

"那是一种盲目的、消耗的状态，照管自己的生活，打理那些千头万绪的杂念，喝自己冲的咖啡，吃自己餐盘里的饭菜，写自己的作业，考自己的试，做自己的梦。"七堇年写得真好。

明天就要模考了，这个下午本来是留给我们自己复习的，但是这会儿我决定先不打开书包。

切肉的时候，电饭煲正冒着热气，热腾腾的水汽裹挟着满满的稻米芳香，让人感到格外写意。那种舒适感就像是扑进了金黄色的谷堆，稻米摩挲着脸颊；又像黄昏时，赤足踏进被太阳晒了一天的海水。唱片机里放的是肖邦二十四首前奏曲的一号作品，钢琴家的指法娴熟灵巧，不断地转调。每天学校里重复着机械的铃声，让人耳膜生疼头脑发胀，这会儿音乐便成了最好的治疗方法。笋干静静地泡在白瓷碗里，微黄，衬出了亮晶晶的釉色。江湖传言的"腌笃鲜"要用过了冬的笋，油焖笋不要吃罐装的，还有雪菜嫩笋也要等大雪化了才有。那么，只能拿立春时候开始晒的笋干出来解馋了。

咸笋干煲汤好，鸭肉鱼肉一煲咸香四溢。而淡笋干泡开了，最适合煮肉。

锅里热水烧开，把切成小块的五花肉焯水。然后另起炉灶，锅里油烧到五六成热的时候放葱姜爆香，再把肉下锅煎。奇妙的美拉德反应让肉逐渐变得焦黄，并散发出煎烤的香。此时正好可以拿老抽混着酱油膏调色，差不多好的时候，再倒些酒下去，没过肉块就好，再把泡好的笋干投下锅，遇热酒一挥发，香气都能酥到肉里去。

最要紧是放丁香、肉桂和八角入汤。

酱色的汤汁咕嘟咕嘟地冒泡，曲子已经放到第三首了，四四拍的快板，兴奋得像是这翻滚的汤汁。

差不多收了汁，浇点蜂蜜增亮，盛在小砂煲里，撒葱花，诱人得很。

学校食堂里的烧肉，总是翻炒得过了头，又咸又柴，滋味总没有这小锅慢慢煨的味道来得好。就像是年轻又彷徨的我们，为了高考这个紧迫的目标，日夜奔忙。一日三餐似乎变成了一件维持生命的任务。我们被那匆忙而机械的生活轨迹打磨得逐渐钝重不堪，麻木到逐渐忘了高考之外生活本来的美丽模样。

想想自己有多久没有这样好好地吃过一顿饭了。一碗白米饭，一碗笋干烧肉，伴着客厅里正转得自得其乐的唱片机，高考、分数，统统都不要去想。肉是晶亮亮肥颤颤的，糯而香甜，笋干浸透了肉汤的鲜美，又不失清爽，就着新米煮成的白米饭，嚼得出微甜的滋味。第九首前奏曲在屋里缓慢地流淌，忽而又有几丝小波澜。外头的阳光正是最热烈的时候，照得楼底下那几棵常青树泛着绿油油的光。

苏轼写过"宁可食无肉，不可居无竹"。那竹肉并煮，秋风里吃倒也是别有一番意趣吧。

偷得浮生半日闲，说到底还是偷来的，该来的还是躲不掉，比如说起来总让人有些畏惧的高考。但高考之外还有生活，还有美食和音乐啊。我懂得了去爱太阳的光芒，爱麦子和稻谷的香味，爱油锅里袅袅升起的烟气，爱空气里跳跃的音符以及不再惧怕未来的时光中岁月不经意间涂抹在我面孔上的每一条皱纹。

毕竟音乐和美食不可辜负。

我真正懂得了如何爱生活，爱这个世界。

这样以后，不惧高考，不惧未来。

吃完饭洗好碗后，我回到房间，打开了书包。

没有谁天赋异禀

Bottle

　　高中的时候喜欢写日记。在语文课上只要老师在讲课文我就拿手肘挡着日记本写日记，下课睡得迷迷糊糊脑袋里突然有东西也会爬起来写，作业做着做着就会分神然后回过神时已经洋洋洒洒写了两页，考试的时候做卷子，答题卡上基本整洁干净，而题目卷子的空白部分则零零落落地写着句子或者诗歌。

　　那时候写字全仰仗一支笔一本本子，春艳姐还夸过我写字好看。不过现在的我自知我的字无字骨无形神，只是表面好看，根本经不起多看两眼。

　　后来有了电脑后就渐渐地用敲击键盘代替手拿笔划一横一竖。空间里有近三百篇的日志，从2011年到2014年。有一段时间拿起笔翻开本子，明明前一刻出现的灵感一瞬间就跑得没影。不得已又得对着电脑转转酸痛的脖子，找回被本子吓没影儿的灵感。

　　现在又回到了手写的状态，写稿子的时候也都是先写在本子上，然后再对照着打到WORD里，趁此机会还能修改和完善，即使是四五千字的小说也是这样，不写到故事的结局就忍着不去打到WORD里。

　　所以现在的每一篇稿子在投递之前，都是有十几页的手写稿留在日记本里（现在的本子都好贵，哭），模仿着对着许多人说话的口吻，然后让它们沉寂在它们自己的世界里，除了我无聊的时候翻翻，其余时刻，无人问津。

那天午睡醒来看到嫣姑娘的初审通过的邮件，产生了一种焦虑的心理，晚上早早收拾好带着之前收到的一月合刊爬到床上去一篇一篇地看。说实话我已经很久没好好看过《中学生博览》了，偶尔有样刊的时候也都是把赫乔的挑出来看，然后转到"萌小说"部分，翻个两篇就放到书架上不再去碰。

看到蒋一初《自卑患者》后焦虑的感觉就渐渐地沉下来了。这时候是感谢蒋一初的，回头审视起自己所谓的初心的时候，才发觉其实不知不觉已经没有了最初时候的感觉。高三的时候曾和同桌躲在桌子底下悄悄地说高考志愿无论如何一定会选与文字相关的专业，一定不会选和经济相关的专业，两个"一定"前者没实现后者实现了。

那时候还对未来有小小的愿想，很轻，很隐秘，想拿着一支笔就这样一辈子写下去。那时候梦想再大再天真都没关系，反正是梦就做得出，没想过梦里剧情可以翻转变成噩梦。那时候就是那么单纯而任性地想写，写尽风花雪月。

现在没了，手还放在键盘上敲击的时候就在怕如果一直写下去的话会饿死，如果不好好地干好手头上的事情会作死，总之是没有活路。

去贴吧里翻翻帖子看看别人的生活。看到一篇帖子，楼主说投稿七篇全无回复是否该继续坚持，底下盖楼炸出一群《中学生博览》的作者，大多不是大神级别但也不是只通过一篇稿子的人，只是少有人眼熟，看到他们回复自己的投稿经历，突然想到了一句话：没有谁天赋异禀。

都是经过不断的淬炼打击然后一步一步走过来的。

对写字的喜欢还是像高中时候那样，区别只在于高中时候心思单纯任性而如今多了犹疑胆怯，因为有了其他的心思所以走得慢了，不过好在不是止步不前。反反复复地从手写到敲打键盘再回到手写的状态，即使初心摇摇欲坠不敢再想，不再是当初的感觉却也还是换了种心态地在喜欢。拿它当零食的话，就算没饭吃也不会饿死不是。

又有什么关系呢，没有谁天赋异禀。

019

我要努力赚钱买空调

倾城流年

大四师兄师姐毕业典礼那天，校长在台上发话了："明年宿舍统一加装空调！今年铺好线路！"瞬间，朋友圈、QQ空间、学校的各种公众号都爆炸了——各种期待呐喊，各种欢呼雀跃啊。要知道我们真的是热得不仅是网上所说的那样，躺在床上，红烧！铺张凉席，铁板烧！下了床后，清蒸！出去一趟，爆炒！游了个泳，水煮！回来路上，生煎！进了宿舍，回锅！还有更搞笑的版本是：在路上，一个婆婆被车撞倒后马上就站了起来，路人各种称赞。婆婆说，都热死了，再不站起来就熟透了！哈哈。看了这个笑话，热气也能减少不少。

我们学校的宿舍里没有空调，我的宿舍位于走廊尽头这块"风水宝地"，早上太阳透过窗户缝儿门缝儿晒进来，下午通过铺满瓷砖的墙壁反射进来，买的窗帘不是为了遮光而是为了防晒！夏天防晒超级重要，一不小心就有可能被晒伤，严重时还可能脱皮。各种防晒产品也不断出现，都说涂了不会油腻保证防晒持久干爽，可事实是涂后一热一出汗就什么鬼用都没有，黏糊糊的烦死人。重点是，汗还是奶白色的！搞得像掉妆了一样惨不忍睹……

有个舍友热得长了痱子，被我们笑了好久。不是只有小孩子才会长痱子吗？哈哈。然后她就一天洗三次凉水澡，六神花露水用了好几瓶，痱子终于消了。但夏天还没有过去。

从5月末开始，茂名的太阳就好像不会熄灭的炉火，平均每天32℃根本不在话下。能不去饭堂就不去饭堂吃饭，因为还没有打到饭我们就已经大汗淋漓了，更不用说吃完饭我们的衣服会湿成什么样了。我算了算，茂名的夏天，哦不，广东的夏天起码有六个月。嗯，没错，六个月！

记得有一天晚上我被活生生热醒了，是，热，醒，了。风扇里吹出来的风都是热的，我浑身都是汗，然后就很没出息地哭了！和刚开学军训的时候一样，当时站在大太阳底下训练，汗如水一样流，因为热，外加心焦想回家，就哭了。后来想想真是弱爆了，一点点苦都受不了。但是一想到9月份新来的小学弟小学妹军训的场景我又笑了。我承认我是个幸灾乐祸的人。

我妈妈是一吹空调就会感冒的体质，但家里还就妈妈的房间里有空调。记得有一天晚上睡觉前我要吹空调妈妈不让，怎么软磨硬泡都没用，最后我发脾气了，摔门而出。晚上就在阳台上坐着吹风玩手机，还顺带被蚊子咬。后来妈妈一直召唤我说"开了开了，快来快来"，我都特高冷地不理她。当时我就想不吹就不吹，有什么了不起，等我有钱了我自己买一台回来安装！但是我到现在都还没有赚够钱……第二天也还是屁颠儿屁颠儿地去妈妈的房间睡觉了。

还有一次轮到舍长值班，我乐颠颠地要求去陪她，因为值班室有空调啊！而且WIFI的速度还特别快！可以呆一个下午呢，不去白不去。有个学姐发了个朋友圈说，想睡一个有空调的午觉就去搭公交车吧，从起点搭到终点再搭回来，刚好两个小时，重点是才三块钱！是不是很值？只要司机不把你当神经病你就去吧，或者跟司机说明一下情况，司机还会同情你，然后把空调的度数调低一点儿。哈哈哈哈……

我们热得要死要活的时候都做些什么呢？我听过舍友用不同的语言（粤语黎语普通话英语日语）说粗口，见过舍友在床上各种撒泼打滚发说说发朋友圈，和有空调吹的朋友打电话聊天各种吐槽，试过一天吃半个西瓜，不冰冻的死都不买，冰淇淋雪糕什么的已经满足不了了！还有在大风扇底下吃水煮鱼和麻辣烫的——有种生物就是天气越热就越想吃麻辣的东西，重点是还不喝凉茶怕不上火不长痘！

……

现在离期末考试还有十天左右，老师也已经讲完课让我们自由复习了。群上各种出租屋带空调冰箱的信息不断，还有为了有空调吹去考研的……空调的魅力真大啊。

而离家近一点儿的同学都跑回家去了，因为家里有空调啊！谁想呆在宿舍里做油焖大虾？回不了家的，就去KFC奶茶店或者大型超市，点上一大杯饮料，坐上一个下午一个晚上，别忘了带上复习资料，可以不浪费时间地愉快学习也可以假装努力，反正人家老板也不会赶你走。事实上这样做的同学不少，因为我就试过啊！空位置是几乎没有的，哈哈哈哈！

也有蛮多同学是去图书馆复习避暑的，图书馆虽然没有空调，但可能是旁边有很多高大的树的缘故吧，在图书馆里自习格外凉爽，呆上两三个小时也不会觉得暴躁想发脾气。

都说心静自然凉，我觉得那是因为古代没有空调文人无奈才会说出来的话！都已经热到发疯了，还静得下来吗？不到处嘶吼也是因为被热得有气无力了。还是现代好啊，科技发达，有空调吹。但是首先得努力赚钱！我可不想将来的某一天我家孩子对我说："妈妈我好热啊！我想哭！"

那就太丢脸了！当然前提是我现在得好好复习不挂科！好好学习拿奖学金！

摩登老头的后青春时代

　　自从换了部手机，老头子玩手机可比我们年轻人都要积极。天天缠着我们教他玩微信：怎么发红包，怎么发语音，怎么开视频。甚至还百度看看哪个角度拍照好看显年轻，还要我们教他网上购物，要跟上年轻人的步伐，玩得不亦乐乎。平时小表妹考第一了给发个红包，有时候还要给她在网上淘故事书，给她用语音讲故事。简直让我们这些亲生大孙子怀疑自己是不是亲生的！

摩登老头的后青春时代

孤独少年

爷爷和表妹

七十多岁的爷爷戴着老花眼镜，拿着手机宣传广告过来跟我说："大孙子，帮我挑一部像素最高的手机，价钱无所谓。"我们家老头子怎么突然要换手机了？该不会是被别人骗了吧？"您老人家的手机不是挺好用的嘛，换手机干吗，这可浪费了，你不是最节俭了吗？"我打趣说。"你小表妹说，她开微信了，可以跟我视频聊天呢！"爷爷握着我弟的手机憨笑。"那你拿我弟手机玩就行了嘛，要不我的也给你玩？""我听说现在有些手机有美颜功能呢，能把人拍得一点儿皱纹都没有，我想买一个。上次你妹妹都说我脸上特别多皱纹，都快不认识我了！"爷爷特别认真地看着我回答。最后我没给他买手机，跟他解释了手机的美肤功能其实不能除掉他脸上满脸皱纹，但是老头子还是自己一个人跑去买了一部拍照手机，最新款的。

小表妹从小在爷爷身边长大，是我爷爷宠大的。后来长大了，她爸就把她接回去上学了，一年也就十几天回我们这，老人家天天跟她打电话，有时候吃着饭，表妹电话来了，饭都不吃了。小表妹今年上小学了，会玩手机了，就经常跟我们视频通话，老人家开心坏了。可前两天因为很久没视频了，孩子一开口就说："外公你怎么脸上那么多皱纹了，我都快不认识你啦。"说者无心，听者有意，老人家对这话耿耿于怀。又听说手机有除皱功能就非要换手机。他希望自己在小宝贝的心里永远都是帅帅的，一点儿都不会老。

自从换了部手机，老头子玩手机可比我们年轻人都要积极。天天缠着我们教他玩微信：怎么发红包，怎么发语音，怎么开视频。甚至还百度看看哪个角度拍照好看显年轻，还要我们教他网上购物，要跟上年轻人的步伐，玩得不亦乐乎。平时小表妹考第一了给发个红包，有时候还要给她在网上淘故事书，给她用语音讲故事。简直让我们这些亲生大孙子怀疑自己是不是亲生的！有次老头子给小妹发红包，结果发错给我了。不出一分钟，我家老头就跑上楼来跟我说："你快点儿把红包发回来给我，不是给你的！"到手的红包就这么飞了。

从前他们之间隔的是长长的电话线，如今隔着的是小小的手机屏。每天晚上短短的十几分钟的视频聊天，每次结束都特别不舍，每次都是以孩子要写作业了结束。有几次深夜下楼喝水，看到老头子拿着手机，点开微信对话框，又退出来又点进去，反反复复。

爸爸和爷爷

我家boss不知道什么时候也换手机了。视频聊天学会了开美颜，其实我看着挺不习惯的。那光滑的脸蛋一点儿都不像我老爸。每次跟爷爷视频他都开美颜，被我私下吐槽过很多次，他还是笑嘻嘻地跟爷爷说："老爸，你看你儿子这皮肤多好，工作一点儿都不辛苦，可轻松了，我都没加班呢！"其实暑假跟他一起的时候，看他每次这么跟我爷爷说话，说完了关上手机然后坐回电脑面前继续工作到十一点我都说他虚伪。他总笑着说，老人家老了，就成小孩儿了，骗他他也看不出来啊。

boss换了手机，开了美颜，把头发梳得整齐像见客户一样跟爷爷聊天。掩盖他被岁月偷走的年轻，用这种方式告诉爷爷，他还年轻，别担心。我却见过他最邋遢的样子，头发乱糟糟，不吃饭，爱加班，陪客户应酬到凌晨才回家，把我一个人丢在陌生城市的房子里。他不是一个好爸爸，却是一个好儿子。他把我接到他工作的城市，带着我上班甚至带着我应酬，给我报很多补习班，却唯独没有时间陪我玩，而我也过了需要陪伴的年纪。

外公和舅舅们

"爸，给你配个手机吧，我们好联络。"这是舅舅阿姨们常说的话。而外公总以麻烦为理由拒绝掉。外公总说："我要这东西干吗，天天电话打个不停，烦死了！"外公从来不接舅舅和阿姨们从外地打来的电话，久而久之，他们便不打了。总是到生病需要开中药的时候才给外公打电话问方子。每次外婆一让外公接电话，他第一句话就是："谁又病了！"外公总是保持着一副对儿女漠不关心、不想联系的样子，电话一响，却比谁都紧张。

他不是不想联系，而是害怕联系。没有消息有时候就是最好的消息。外公当了半辈子的老中医，他害怕电话。电话一找他，准是哪位病人又复发了，又要问诊了。知道他们在外地，不打电话回家就是平安了。外公也从来不给儿子打电话，一是矫情，二是怕挂念……

长大了，离家就越来越远了。总有一天我们也会离开家越走越远，从每天见一面到每周见一回，到每月一见再到一年见两回，一年见一回又或者是三五年才团圆一次……家人存在于书信里的字里行间，成了电话那头的声音，成了视频里的小人……长大了学会了报喜不报忧，学会了在生病的时候偷偷画个红润的妆掩盖苍白的脸跟父母视频，学会了悄悄打开美颜挡一下皱纹，学会了想咳嗽也在电话里憋着……写这篇文的时候，将近新年了。老爸还在外地出差，说大概除夕才能回家；小表妹刚刚回广州，今年不在我们家过年说今年要回河北老家过年了；叔叔是交警，春运要在高速路上过年，已经差不多十个年头了；舅舅在地铁公司上班，春节加班没办法回家，今年已经第四年没回家过春节了。如果此时此刻他和她都在身边，给个拥抱吧……

摩登老头的后青春时代

大耳朵爷爷

翁翁不倒

一

爷爷年轻的时候长得很俊，没想到老了之后竟变得呆萌起来，因为没肉而深陷的脸颊，越发衬托出他的两只大耳朵，就像妹妹经常看的动画片《大耳朵图图》里面的胡图图小朋友。

妹妹也喜欢爬上桌子，扯着爷爷的大耳朵，叫着图图图图。

爷爷听不懂她在说什么，他又不看动画片。

不过爷爷有自己的心头好，就是被他叫做"孙猴子"的《西游记》。

每天早晨起床洗漱后，都会问我："今天的孙猴子在播了吗？"

他看了十几年也没厌，对剧情的发展了如指掌，我们陪着他看的时候，总是被他从头剧透到尾，真讨厌啊！

不过能够对《西游记》这么熟悉还得感谢爷爷呢。

到了下午，爷爷就喜欢躺在他的老人椅上，喝着我给他乱泡的茶，给我们姐弟几人讲一些以前的故事。

爷爷的手掌握着我的手，可以感受到他松弛的皮肤和手心厚厚的茧，有点扎人。

我记得最清楚的故事，说的是人们的祖先以前都是猴子，有着长长的尾巴，但是有一次遇上了大灾难，被砸断了尾巴。

之后的人就再也没长出尾巴了。

可是摸摸自己的尾椎骨，还是能感受到一点突出的骨头。

每每听到这里，我们几个小孩儿都会伸手去摸自己的屁股，摸了半天才找到准确的位置，轻轻按压，真的能感受到骨头的感觉。

我们几个都瞬间感觉好神奇，以及爷爷的厉害。

不过这些都是好久之前的事了呢，爷爷不知道从什么时候起，起一下床走一段路都很难。

二

爷爷有一天晚上睡到半夜想起来上厕所，又怕打扰到别人休息，硬是自己从床上爬起来，结果没站稳一下子就摔了，老人骨头本来就脆弱，这一摔直接就给摔到医院去了。

妈妈一大早就拎了早餐到医院去照顾爷爷。

爷爷已经醒了，妈妈就先给爷爷洗漱梳头。

在家的时候这些都是我做，每天早上爷爷醒过来，撑着他的拐杖走到洗手台前乖乖坐下，等着我给他洗脸梳头。

爷爷的头发不多，但长得很快，理发师每个月都要来一次。

有时候我给爷爷梳个三七分，或者二八分，再者背头也很帅啊！

我是个小小造型师，爷爷就是我的模特儿。

有一天早晨爷爷醒得特别早。

我给他梳头，问他今天怎么醒得这么早啊。

他说做梦梦见自己醒来已经在吃早饭了，于是就醒了。

我听得哭笑不得。

收拾好了，妈妈就把白粥盛出来晾凉，爷爷没有牙齿，吃东西只能像婴儿一样多次地咂巴，太硬的也吃不下。

他每次吃东西嘴巴都皱皱的，像小孩子一样，我觉得好可爱。

三

大家都以为爷爷在医院住一段时间就可以回家了。

谁也没想到爷爷的情况竟然越来越严重，到后来只能靠打吊针维持。

上一次我去看他他还能喊出我名字，这一次爷爷竟然连我是谁都忘记了。

爷爷躺在病床上一阵咳嗽，妈妈赶紧扶他起来吐痰，生怕呼吸不顺畅。

我就又想起了以前。

爷爷是老烟枪了，尽管医生说了很多次不准再抽烟。爷爷还是不听话，趁着奶奶不在的空隙就偷偷地抽，奶奶回来了闻到味道，还是要把爷爷臭骂一顿。

我呢，竟然还是个小帮凶！帮忙递烟灰缸处理烟头找打火机。当时只是单纯地觉得爷爷已经这么老了就让他过得开心随意些吧。

爷爷的烟奶奶总是找不到，只有我知道藏在什么地方，有一次妈妈给爷爷整理床铺，从枕头下搜出一包烟，就拿走了。

傍晚，爷爷试探着问的时候妈妈还假装不知道，说："你放的什么啊？找不到我帮你找找。"

爷爷就说没什么。

我这个小内奸偷偷拿了烟又还给爷爷，把妈妈气得半死，可是现在爷爷连烟都抽不动了。

爷爷的咳嗽多痰也是吸烟引起的。

在饭桌上吃着饭的时候，爷爷常常咳嗽，一咳就会咳出一连串的痰。

那个声音不用我说，你们也知道肯定不好听，更何况我们还在吃饭。

我们都没说什么,但妹妹年纪小不懂事,直接就说:"爷爷你好恶心啊!我都吃不下饭了。"

之后妹妹明显地开始嫌弃爷爷了,爷爷好像也感觉到了,但是没说什么。

我想爷爷当时一定很伤心吧。

四

爷爷的身体日益变差,因为营养吸收不了,他的皮肤变得很脆弱,鼓起了小包,轻轻一碰就破,流出液体。

爷爷清醒的时刻已经非常少了。

这次清醒,爷爷说他想回祖屋了。

我们面面相觑。

镇上的人们都知道,当老人感觉自己快要死的时候,都会选择回到祖屋度过剩下的时日。

所以说,爷爷这是要走了吗?

五

爷爷走的那天晚上,我睡得极不舒服,噩梦一个接着一个。

被姐姐叫醒的时候,我吓了一跳,出了一身冷汗。

姐姐背着灯光,看不清脸上的神情,她轻声说:"快起来,拿上那口大锅,到祖屋去,我先到楼下等你们。"

我们几个小孩儿迷迷糊糊往身上套了衣服,跟着姐姐出门。

那时已经是深夜,街上鲜有行人,只剩几个夜宵铺还在营业。

我走着走着,被午夜的冷风吹了一会儿,终于有些清醒过来,看着前面沉默不语的姐姐，突然想到什么，呼之欲出的答案，却又不敢开口问。只是默默地红了眼眶。

六

爷爷是真的离开我们了。

姑姑们抱着哭作一团，我们几个小孩儿围着大锅给爷爷烧纸钱，明晃晃的火焰一瞬间就吞噬掉小小的纸片。我盯着火焰，有些发愣，透过它竟然能看到爷爷，爷爷又像以前一样看着我笑，嘴巴皱皱的，像个小孩子。

火舌突然蹿上来，烫得我手指发烫。

我晃了晃神，爷爷就消失了。

七

当日子来到了新年，爷爷已经走了有半年了。

今天姑姑们照着习俗一起去问神了，我一向不相信这些，但还是被她们的说法感动。

"看！现在撑着拐杖缓缓走来的就是阿爹啊，他穿着生前最喜欢的衣服，他有一对又大又机灵的耳朵，笑起来憨态可掬。阿爹说啊，自己过得很好，我们给他烧的几个僮仆把他照顾得很好，住的是豪宅吃的是山珍海味，出外也有车，各种数码产品应有尽有，钱也够用……"

几个婶婶都笑了："他阿爹还和小年轻一样会玩手机啊！"

我也笑，爷爷，愿你在我到不了的天国里，永乐不老。

您的孙女很想您。

默然，也是爱啊

谢小米

1

小时候，总羡慕别人家的好爸爸。如果，我也有一个那样的爸爸，该有多幸福。

你从不故意用胡楂去刺女儿脸蛋，你从不让女儿骑在肩上，你从不牵着女儿的手散步，所以，这些平常而温馨的画面我从不奢望。只是，即使女儿生病，你也是不闻不问。难道，父爱真有那么深沉，深沉到一句关心的话语都说不出口？

童年的幸福回忆，关于你的，只有一点点。那年我十岁，那天是大年二十九，我只是当着你的面连续打了几个喷嚏，你便拉着我去看医生，你说就要过年了，生病不吉利。我惶恐地坐上你的摩托车后座，年幼的心一直不安地猜测，我的爸爸今天你是怎么了呢？后来医生说，只是有点儿小感冒，你却坚持让他给我打针。还记得那天我穿大红的连衣裙、白色的丝袜，你说："这么冷的天还穿裙子，活该感冒。"

我在你这句话里，得到莫大的安慰，年幼的我告诉自己，我的爸爸，原来还是关心我的。可是，这样的关心，仅有一次。十二岁那年发高烧，烧了整整一个星期，你也没有再拉着我去看医生，甚至没有踏进我房间一步，只有妈妈没日没夜地守着我。我知道你一定是担心我的，可是为什么我看不见你的爱？

2

那年冬天，我初三。

成绩差得一塌糊涂，隐藏在乖巧背后的是翻墙逃课、泡网吧，上课永远犯困。青春期的叛逆不可能无缘无故，如今想起来，当时只是太渴望被关注、被关心。

在宿舍接到妈妈的电话，她只说："你爸有话跟你说。"

你甚至没有叫一声我的名字，这对我来说并不意外，你已经很多年没有亲昵地唤过我。彼此之间的冷漠，早已习惯。你的语气出奇的冷静，没有该有的愤怒，你说："喜欢谈恋爱，那就不要读书了，早点嫁人去吧。"没错，你确实不生气，但我感觉到你的漠不关心，居然毫无根据地就给我判了死刑。顿生绝望，我情愿你像从前一样恨铁不成钢地教训我。

你就这么放弃了我。

3

那么多年，我都在想如何逃离，去过没有你的日子。我一直在等尘埃落定的那天。

我们默然相对，除了沉默，找不到别的表情。我习惯偶尔狠心去恨你，甚至割破手指在日记本上写"我恨你"，毫不留情地指责你是一个失败的父亲。

可是，我又不得不承认，你是一个成功的人，对别人来说，你什么都算得上成功，口碑极好。只是刚好我，不是你理想中的女儿，你无法容忍不成才的我。

可是爸爸，怎样的孩子，才是你眼中的好孩子呢？我真的不懂，为什么你永远只看到我的失败，却看不到我半点好？

你从来不愿意出席我的家长会，哪怕我考全班第一名。每次家长会后，跟妈妈在学校附近吃午餐，都会想，这间店的菜你应该会喜欢，什么时候能带你来吃呢？

我有太多太多像你的地方：喜爱什么口味的食物，说话习惯什么样的语气，对陌生人亲和，对熟悉的人暴躁……很多的脾性，都是耳濡目染养成了习惯。所以这些年来，尽管我们一年说不上十句话，我都会想，其实我是懂你的吧。不说话，并不代表我们不爱对方。

4

近几年来依然每年只有几句话交流，但已不再是针锋相对的味道。寒假在家，你说："天气冷，不要穿拖鞋。"冬天洗头，正巧家里的电吹风坏了，我开风扇吹头发，你经过看到，假装无意地说："小心感冒。"

虽然我对你说的话很少很少，可是我依然是那么在意你啊。最喜欢吃你的拿手菜——炒鱿鱼，经常跟妈妈说："鱿鱼你不要动，等爸爸回来做吧。"

你总是有很多的应酬，我总是问妈妈："爸爸呢？"然后再和她一起抱怨你又要喝那伤身体的酒了。

我长大了，可是，你老了。

5

其实我没那么坚定地要离开你，其实我越来越不想离开你。你会原谅我吗？我当年那些幼稚的任性与叛逆。不，你一定不是真的放弃我，你根本没有生气对不对？

爸爸，我想更懂你，只是习惯了这样的相处方式，你也是吧？

默然，也是爱啊。

憨妈傻爸熊孩子的快乐生活

丁天然

★片段一：

我想求老爸帮忙做事，老爸却回："待我长发及腰，再来找我可好？"呃，不想帮忙就直说呗！就算是老妈等她长发及腰也要十年八载的，更何况你还每个月都理发好吗？

★片段二：

老妈想求老爸做事，拍他马屁："你是全家最漂亮的。"老爸不接招："不，你才是全家最漂亮的！"老妈厚着脸皮继续拍："哪里，哪里，你是公认的全家最漂亮的！"老爸就是不吃这套："还是你最漂亮……"就在他们互捧的时候，我怒火中烧，把脑袋探到他们中间："你们俩这么说，把我放在哪了？"

★片段三：

有一天我在唱歌，唱了一阵，老爸掏出一元钱给了我。我一看有戏，赶紧盯着老爸卖力地继续唱，谁知老爸指着老妈说："没了，你找她。"我连忙一边唱一边盯着老妈的手，看她能掏出多少钱。老妈豪迈地把手一挥："我也没有，你赶下一家吧！"

★片段四：

我再次对老妈的"老年痴呆"发表官方看法，老爸安慰我说："就让你妈这样苟延残喘吧。"老妈顿时老泪纵横："多么好的爷俩儿呀，对我真是宽容啊！"

★片段五：

有次问老妈历史题目，她说不知道；又问她化学题目，她说忘了。我奇怪道："问你文科的吧你不会，我勉强替你解释因为你是理科生，但问你理科的怎么一样也不会啊？"然后我惊恐道："你该不会是体育特长生招进来的吧？"

★片段六：

闲来无事问老爸："我咋这么聪明？"老爸："遗传。"我又问："那你咋也这么聪明？"老爸："天生。"天雷滚滚，天雷滚滚啊！

★片段七：

今年老妈和我都重了十几斤，好多裤子都瘦了。老妈向我哭诉："啊啊啊，裤子不扣扣子，拉链就会滑开！"我鄙视地看了她一眼："我今年也重了好吧，裤子不扣扣子，拉链不是会滑开，是会弹开，弹开！"

★片段八：

每次老妈接我放学都是先接过书包背在身上。有次一起挤公交车，刚上公交车刷卡，司机见老妈背着书包大吃一惊："你还在上学？"一车的人也吃惊地看着她，她也大惊："我看起来很弱智吗？"

★片段九：

老妈和老爸逗嘴，逗着逗着手脚也用上了，你点我一下，我戳你一下的，酣战白热化。我鄙视地说："你俩在我面前打情骂俏有意思吗？！"顿时，世界安静了。秒杀，绝对的秒杀！

★片段十：

憨妈傻爸终于想换车了，奔着"高尔夫"去的4S店，结果研究了很久的"斯柯达"，没想到试驾的是"朗逸"，而最终开回来的是"速腾"。有本事啊……

★片段十一：

老妈的迷糊经常惹得老爸直跳脚，她被训得灰头土脸。一旁的我看不下去了，义正词严地说："老爸，你怎么能这么说老妈呢？！"听我这么说，老妈好感动，说我没白养！我继续说："老妈憨也不是一天两天了，你我心知肚明就行了，怎么可以将我妈憨这么重要的家庭机密说出来呢？！"在老妈发飙之前，我们爷俩儿默契地一起跳开到安全的距离……气得老妈跟后面就追，鸡飞狗跳啊……

★片段十二：

我对着镜子发愁："看我的肥脸。"老爸老妈安慰："没关系，这是婴儿肥。"我惊恐："我只是说说而已，难道我是真肥？"老妈："呃，谁叫你是国字脸？"我再度惊恐："说好是鹅蛋脸，怎么成国字脸了？"老爸："呃，也不是国字脸，是草莓脸。"我疑惑："什么是草莓脸？"二人异口同声："谁叫你一脸痘？"我掩面而泣："哪有你们这样做大人的？"

★片段十三：

平时老妈一直是女汉子范儿，某日脑抽想做一个依人的小鸟，遂羞答答地靠在老爸肩头。老爸吃惊道："干什么？"老妈扭捏回道："我是小鸟。""小鸟？"老爸哼道："长那么黑，还小鸟？！"

老妈不解道："黑就不能是小鸟了吗？难道长得漂亮才可以是小鸟吗？"……遂炸毛，瞬间变女汉子，上去就是一脚。老爸心满意足领脚而去，留下一个大脑短路的老妈："小鸟怎么就不能是黑的了？"我哭笑不得："你好像应该说：黑怎么就不能是小鸟了？""对，对，对，瞧被气的，一时的脑抽，结果变成了脑残……"

★片段十四：
老妈向老爸请教："皇帝死叫崩，皇后死叫薨，诸侯死也叫薨，卿大夫叫卒，士叫不禄，得道高僧叫圆寂，得道道士叫羽化，那我们叫什么？"老爸回："叫挂掉。"真的是神回复啊！

★片段十五：
一天，不知道老爸哪根筋搭错路"厨性"大发，厨房门一关，油烟机一开，然后就听一阵锅碗瓢盆震天响，然后厨房门一开，开始抓壮丁，不，抓白鼠试吃。我和老妈百般躲避最终没逃过魔爪，被一一拖进厨房按在小桌边，不吃不让走！给了老爸天大的面子后终于逃出灾区，然后就剩老爸一人在厨房一边吧唧嘴一边由衷地崇拜自己："真好吃，从没吃到这么好吃的银鱼……"能把银鱼炒得只有腥味没鲜味的厨师，也没谁了！

★片段十六：
老妈给我量光腿大腿围是五十二厘米，而她穿了保暖裤外加一条厚绒牛仔裤量了一下是四十八厘米，老妈狂笑不止。我气得直翻白眼："你没看我翻眼都已经全是白眼仁，黑眼珠都翻出去了吗？你还笑！"

★片段十七：
我比老妈矮三厘米却比她重十斤，老妈不怀好意地对我说："这十斤可是一个不小的猪后鞘喔。"我一个鄙视的刀子眼儿看向她一马平川的前胸，鄙夷地说："你怎么就知道多出来的这部分肉不会长在别的地方？！""你这个熊孩子，你过来，我保证打不死你！我是你亲妈吗？！"

憨憨的老妈、傻傻的老爸，外加一个熊孩子，组成了热热闹闹、幸福快乐的家！

幸福是一日三餐能安心吃好多饭

夏南年

我有一个不算很大却很温暖热情的作者圈子，他们的神通广大让我特别佩服，今天扔给我一个编辑的号，兴高采烈地说，你有时间去试试啊，明天扔给我一串儿作家的号："我的文就是找某某看的，哪个作家人最好，哪个作家好厉害……"

作为一个自卑患者，我从来没主动找过那些百度百科有名字的人聊天，但时间久了，竟然喜欢上了默默地翻他们的空间。

我常常跟别人提起一个作家空间的日志，他描述一日三餐的话直到现在我也可以一字不差地复述出来："早餐通常喝咖啡。不知何时有的瘾。抽屉里有买的和出外住旅馆时送的咖啡。如果老爹有做豆浆就喝豆浆。也有时会喝超市买的米浆、牛奶。配的东西是一块小蛋糕，或者烤一片对半切开的吐司，主要是为了消耗果酱和炼乳。一般午餐吃面，或者饺子、包子。一般十二点半前能吃完。洗碗。去散步。快六点的时候吃晚餐。如果是夏天，晚餐后才去散步……"世间唯美食与爱不可辜负，短短的一百多字，便轻而易举、完完整整诉说了他幸福安稳的生活。

我不知道别人是怎样的，但我清楚，虽然我一直对远方对未知抱有无比巨大的向往，但内心深处的幸福，不过是一日三餐能吃好多饭，能安安稳稳地吃完。

昨天的晚饭是在集训楼下的面馆里吃的，七元一碗的干扣卤蛋面，卤蛋是凉凉的，蛋黄特意弄成了我最喜欢的溏心。要是现在问我面是什么味道、好不好吃的话，我只能高冷地回答你四个字——无可奉告。这是真的，别说这个词从我嘴里说出来有多违和，和我一起集训的洪夜宸一条动态就能解释。

洪夜宸说："我讨厌连饭也吃不好的生活。"

所以我真的只是拼命地在吃，根本没有尝到面的味道而已，虽然即便那样我最多也只来得及吃回了三块五的本钱。

我忍不住炸毛了，跟好多人抱怨这样吃不好饭的生活，他们默契地给了个一模一样的答案："就辛苦这几年，等你考上大学就好了。"我当时就想摔东西。小学的时候我还特别天真，那时候妈妈告诉我，等长大了你想怎么样就怎么样，所以我不得不在吃不下东西时塞一大碗稀饭到嘴里，不知不觉就到了经常吃不上早饭的现在……

《佐贺的超级阿嬷》里说，一亿个人中总有几个出现意外的，我和娇娇的意外不算大，但生活也不像身边的人那样平静安恬，整天只用想着怎么把数学算好、单词背好，于是展开了一场比数学公式复杂一万倍的生活公式。

现在的我们要很努力学习，和爸妈好好相处，这样以后我们就能很幸福。可是以后到底是多久以后呢？现在的我们为什么不幸福呢？

我妈很不屑地看了我一眼："你能不愁吃不愁穿安心学习，还不够幸福吗？"可是我自始至终对幸福的定义都没有变，幸福就是一日三餐能吃好多饭。

我没有夸张，初中的时候我就经常吃不上早饭了。初三那年加了晚自习，有一段时间我的晚饭就是当时喜欢的男生溜出去买来的门口小店的面包奶茶。到了高中就更不用说了，前段时间没开始集训的日子，我经常是大课间去食堂随意买一包干脆面或者一个酱饼，中午困得连饭都不看一眼直接回家睡觉，下午在桌子里摸索一点儿好友某天给我的袋装小零食救急，晚饭食堂和小区外的食物混合着来……

在集训前，我以为我会有一小段的时间至少能安安稳稳在家吃饭了，可是现实摆在眼前，就是上面说到的那一幕。

我跟我妈我爸我身边的很多人争论，我没有很大的梦想，我从来都不想考很顶尖的学校，去北上广当朝九晚五堵车要很久的人。我的愿望很小又很大，我一意孤行，以后就在干净明亮又温暖的小地方租个小屋，学手绘学吉他，唱歌画画写字赚一点儿钱，够付房租和蔬菜肉的价钱就好。我不想穿皮毛的衣服，又贵又残忍，我想早中晚家里都有烟火的气息，我一根根择菜，削土豆剁肉馅，为自己做没有太多油水的饭菜，再一点点将这份滚热咽完。

现在卖东西吃的小摊和饭店好多，但吃那些东西每一样都会吃腻，前几天我就彻底告别了一家鸡排店。至于家里的饭菜，会不会吃腻还有待考证，可是我就是知道，最温暖的，永远都是知道为谁而做后做出的饭。

同学家有一段传奇往事，把他家的故事写出来绝对是本有意思的传奇，但是印象中他对我说加上在班里说给老师听次数最多的是普通到一顿饭的事儿。

同学的舅舅年轻的时候什么都敢玩，因为差点儿干要坐牢的事被他妈揪回家，他妈还被年轻气盛的舅舅打了，后来他舅就跑出去做生意了。没想到这一趟出门，生意失败，回来的路上道阻且长，身上一分钱没有一两天没吃一顿饭，回家后同学他妈给他舅舅炒了一碗蛋炒饭。就是这碗神奇的蛋炒饭让同学的舅舅东山再起，之后竟然一直很顺利。

其实我们都清楚，给他舅舅力量的并非只是一顿饭而已，是他自己，以及他姐姐亲手融在饭里的关心和疼爱。

幸福是一日三餐能安心吃好多饭，每一顿都是亲人或是自己亲手做的，没有外面小摊上浓重的作料，没有那些大鱼大肉，但就是很好吃。

小时候我最喜欢超市里的薯片和奶奶做的排骨，过了几年，我不太爱吃那些随处就能买到的薯片了，奶奶家的排骨还是能让我迫不及待地吃下一大碗饭。

我知道很多时候我都是个脑子跟不上行动的人，做事情三分钟热度，追求刺激还不喜欢为以后考虑。很小的时候我妈经常嘲笑我痴人说梦，我想发表一篇文章是说梦话，我想考一个好成绩也是在无聊地做梦，想自由赚钱更是异想天开……

可是我宁愿相信爱笑的人运气都不会太差，做事总是一激动就玩得失了分寸却基本上可以补救，我想以后，也一定可以过上我能想到的最幸福的生活。

幸福的生活，就是一日三餐能安心地吃好多饭。冬天用温暖的胃御寒，夏天可以用饱饱的胃给自己快乐。

线性代数老师是如何炼成的

小太爷

线性代数老师孙磊，基础数学专业博士。温柔和气善良，呃，还十分害羞。在下作为一个没有什么文化的东北女汉子，一直对学历高的人有莫名好感。

孙老师是本地人，小时候家就住在我们学校对面，经常来玩儿。那个时候他的理想是考上我校的野生动物资源学院，然后学习小虫子专业。

嗯，他的大半个童年据说都是在抓虫子之中度过的。

"我初中的时候不太愿意说话。前两天我跟我初中老师吃饭，她就笑我，说你看，让你当年不说话，现在找了一个这样的工作，说到老吧。"

我迅速地想了一下，按照这个理念，我应该去从事手语翻译师这一职业。

孙老师上高中的时候，起初应该还是个纯白的少年，热爱为班级劳动啥的，但自从他和值日组长坐一桌以后，他就永远永远地失去了为班级服务的机会。

"我说，'给我分点儿啥活儿啊？'我同桌就说，'你都是我同桌了，还干什么活儿？出去玩儿去吧。'"

纯白的孙老师，黑化了。

孙老师高中时候的班级同学特别淘，据说所有女老师都被气哭过，男老师也哭，气得胃疼，疼哭了。

孙老师高考那年赶上了非典，题出得空前难，反正他是不知道该咋报志愿。他爹说："你就回大连吧，咱老家是大连的。"

孙老师说："我想学小虫子。"

他爹说："学什么小虫子，学自动化去吧。"

"然后你就抗争了一下？"

"并没有抗争……我啥也不懂，然后就自动化没考上，走的第二个专业，学了数学。"

据我总结，孙老师应该属于蔫儿淘的类型。比如他大一还认认真真地学习（但我不知道他到底是经历了什么，导致他对学校往家里寄成绩单这事儿这么深恶痛绝，就连家长的态度都学得惟妙惟肖），大二空白，大三就是雷打不动地开始看电视剧了……

"黄金作息，每天一睁眼就开始看，看到中午，吃饭、睡一觉，然后接着看，看到十一点多睡觉，第二天继续看。"

我没问当时他看的是啥，不过据他说他最近在重温《我爱我家》，我多少能推断出他当年的剧目清单。

"你们现在逃课啊什么的，最多都是因为贪玩儿。"

"老师你这话就错了，你就比如我，我就是单纯因为起不来嘛。""我那时候晚睡一般都是因为寝室别的人聊天，然后我就听着。听着听着他们困了，就睡了，我过了点儿就不困了，我就一个人俯视全场，嗯，看太阳升起来。"

"其实我这人挺随意的，就是走一步看一步。我觉得要让我给现在大学生点儿建议，那肯定就是好好学习啊，学习好找个好工作，一年一个月假啥的，旅游呗就，国内走完了去国外，多好。再有就是，别太较真儿。现在的孩子都挺喜欢互相比的，比智商，我在你们那个岁数的时候也这样。其实聪不聪明又能怎么样呢？这些都是无所谓的事情。可能我聪明，但总有人比我还聪明，而且比我还努力。所以，就做好自己就挺好的。"

　　跟我们老师唠完之后，我最大的感受就是：罗马不是一天建成的，线性代数老师也不是一天炼成的。我们抱怨过的事情，他们也曾抱怨过；我们成长过程中的煎熬，他们也曾经历过。再或者，他们现在跟我们说的话，正是当年他们的老师曾语重心长说过的……

　　最后祝我孙老师天天高兴，研究顺利！

嘿，老丁！

孤独少年

请允许我这样叫你，老丁。我觉得你不像我老师，更像个朋友，老朋友。

丁老师是我的吉他老师，也应该算是我真正意义上的音乐老师。

第一次见他的时候在琴行二楼的大琴房里试课。他给我的印象不太好，有点儿急躁，把我吓得直哆嗦，紧张得手发抖。留着比我还长的黄发（我是短发），戴着鸭舌帽，完全就是我爸眼里的街头小混混。当时我爸坐我后面听我试课，我有点儿怕他会被我爸拎下楼。

事实证明，他的确有点儿不靠谱。上课时会玩手机（难道不应该是学生玩手机不听讲吗）……有时候我真怀疑他有没有认真听我弹。事实上他真的可以一心二用，而且他是个很自恋的人，经常一言不合就跟我耍帅！其实我很想说，老丁啊，你不是我喜欢的型！一言不合就飙歌！我一节课五十分钟，一百二十五块不是来看表演的好吧！

老丁是个很容易激动的人。第一次试课的时候，他问我："拍是个什么？""呃呃呃，我无法形容……"然后他就随便撕了一张纸，在上面写：拍，在音乐上，是时间度量单位。然后又问我："那一拍又是什么？"我："呃……"（老师你直接说吧，我不知道……心好累……）然后又唰唰在纸上写：是指从第一次拍响到第二次拍响"前面"的时值叫一拍。然后他又用一种"我就知道你不知道"的眼神看着我说："好吧，你告诉我那个'前面'是什么意思就好了！"脸上是特别傲娇的表情。"嗯，就是说第一次拍停止到第二次拍开始那中间的一段时间，对吗？"我弱弱地说，其实我也不知道，我只记得我物理考试关于时间段和时间点那道题我错了N回了。老丁用一种不可置信的眼神看着我，很惊讶地说："我在这儿教了六七年了，教了无数个学生，从来没有一个学生能告诉我这个答案，还是这么完美的答案！"然后他特别激动地拍大腿，超级兴奋地跺脚。我好怕楼下琴房的老师冲上来打他……下课的时候我在楼下前台续费，他特别激动和得意地跑下去跟老板唐老师说这件事。老丁啊，我可以确定，你中学时肯定没有好好听课！

还有一回，他特别嘚瑟地拿出他的拨片包跟我说早上从一个学生手里骗来一个超级好的拨片。然后跟我炫耀（欺负小朋友很光荣的样子），而且一直拿着那拨片亲（对，你没看错，是亲），还感叹："这就是我理想中最完美的拨片！"我说："你这样欺负小孩子真的好吗……"他痴痴地看着他的拨片："没有啊，我用了我十多块的一个拨片跟他换来的，但是这个肯定不止这个价，哈哈……"然后过了几天，我在某书店里看到了那款拨片，一模一样的，十五块钱四个！我就顺手买了，本来还打算送他一个的，后来没送成。他看着我买来的四个拨片就问我多少钱，我说："十块钱一个吧，忘了。"我看到他脸上满脸的伤心，内心肯定在滴血，一定是超级心疼他那个换出去的拨片了。其实我真的不忍心告诉他真相，十五块就可以买四个了，哈哈，老丁你把自己坑啦！

老丁其实还是个超级幼稚的人。琴行二楼的琴房是玻璃隔间，透明的，不像楼下有隔音棉，所以比较吵，而且是暑假，练钢琴和考级的小朋友比较多，有时候挺像交响乐团大合奏的。我的隔壁琴房是个钢琴琴房，有个小胖子跟我有时候是同一时段的。小胖子好像钢琴弹得非常厉害，弹到高潮部分就超级激动，会盖过我弹吉他的声音。一天，我上课的那个琴房也不知道怎么了，玻璃门被撞碎了，这下就更吵了。小胖子在旁边用他那肉乎乎的手弹得不知道多投入，于是老丁就过去叫他换个琴房。小胖子也是个犟脾气，一副"我就是不换呀，你咬我呀"的表情，冲着老丁做鬼脸，然后继续弹，越弹越起劲。不得不说，小胖子弹得挺好听的。老丁那劲头就上来了，一手抄起吉他（不是打人啊），就坐在门口特别卖力地弹唱，扫弦扫出来的音不堪入耳，比我这种初学菜鸟还难听。然后小胖子就被气走了……我说，老丁你这么跟个小孩子较劲，有意思吗……老丁还气呼呼地跟我说："这小胖墩太讨厌了，天天跟我杠，看我敢不敢治你，姜还是老的辣吧，跟我斗，小样儿！"然后冲着小胖子的背影做鬼脸。剩下我坐在旁边一头乌鸦飞过……真的好幼稚啊，这个世界上怎么会有这么幼稚的人……

老丁说我扫弦很难听，像打铁；我说他的字很难看，像狗爬；老丁看到我惊人的学习速度和记谱能力会尖叫着跑去跟隔壁琴行老师炫耀；老丁说他喜欢自己写歌，可是总会卡顿；老丁曾经跟我说他以前上大学唱歌时吸引无数学妹，我总会吐槽他选的歌太老，有代沟……

我们更像是朋友，没有太多的拘束。老丁其实不老，挺年轻的吧。他自称是个宅男，还是个路痴……他跟我一样喜欢赵雷的歌，像讲故事。关于老丁，我知道的不多，除了知道他姓丁，他的一切我都不知道。他的主业一定不是吉他老师，也许是酒吧歌手，也许是一个不知名乐队的成员……他活得很自由，吉他和音乐似乎就是他的全部。

在课程结束那天，我还发现，老丁是个很会灌鸡汤的人。我去上了一个多月的课，却从没有开口唱歌。有可能是害羞和胆怯吧，就是唱不出口。估计这是老丁职业生涯的一大滑铁卢，教了这么多个学生，居然碰上个不敢开口唱歌的，让老丁超级头疼。不管他软硬兼施，我就是不唱。其实我也想跨过这个心理障碍，可每次一被他看着我就开不了口。

最后一节课，老丁跟我讲黄家驹的故事，从黄家驹发的第一张破音和跑调的专辑说到现在唱歌的歌手。老丁说："人家歌手都巴不得全世界都知道自己唱歌，你倒反过来了，还真有趣。"然后给我狠狠地喂了一碗鸡汤……好吧，这碗鸡汤我喝了！最后，他用一种很惋惜的语气跟我说："你说你要是敢唱歌多好呀，要是再早两年来我这里，再被我带个三五年，绝对是个不可多得的好苗子。可惜了，你要回家上学啦！我好不容易看上一个好苗子就这么跑了，真的有点儿可惜！"我记得我下课时，他最后一次帮我把琴装进包里，一边装一边说："寒假一定还要来，一定要来啊！"其实我知道，在我转身下楼那一刻起，我就不会再回这里了……

　　我跟老丁的寒假之约能兑现的几率微乎其微，寒假、春节有补习班，我不会回深圳，下一个暑假迎接我的将是铺天盖地的试卷、练习册和高考，我就更不可能回深圳了……

　　有些人，会陪你走一生，有些人只是匆匆过客。老丁之于我，和我之于老丁，都不过是过客罢了。老丁也许在他下一个七年里就会又遇上一个好苗子，又能遇上一匹千里马，而我再也不可能遇上第二个老丁……有些人，见过一回就够了，就像老丁眼里的我；有些人，转身，就一辈子不可能再见，就像我跟老丁说再见，再见只是再也不见……

　　我希望有一天，我还能偶遇老丁，对他招手说"嘿，老丁！"而不是生疏地叫他丁老师……

　　嘿，老丁，你学会作词了吗？

　　嘿，老丁，我敢唱歌啦！

　　嘿，老丁，我扫弦跟你一样好听啦，不像打铁啦……

　　嘿，老丁……

摩登老头的后青春时代

奶　奶

刘雨辰

今天收拾书柜的时候，在顶层，看到了那本很有些年岁的旧相簿，很厚的一大本，落着灰尘。翻开，竟都是些我小时候的照片，多是当年在老房子里照的，我早已没了印象。照片上的我陌生得像是另一个人，眉目间有着不谙世事的单纯。父母也都还年轻。

还有奶奶。

不知道为什么，我竟会觉得照片上十年前的奶奶和记忆里她油尽灯枯时的样子并没有太大的不同。虽然照片上的她面容红润，笑若桃花。我于是想，可能是这么多年来我一直都没有很好很好地看过她，即便是她到了生命的最后一刻也没有，所以淡漠了记忆，脑海中仅仅剩下一道模糊的身影和一双不真切的眼眸。

不知道是不是她离开得太早的缘故。

那是我第一次面临一个亲人的离去，可是自始至终，我都没有落下过一滴眼泪。

因为期末考试没能及时赶回老家，因而也错失了听她讲最后一句话的机会。父亲后来告诉我，奶奶走的时候，身子一直直挺着，头微昂。他说那是因为她在等人。一家子算了算，发现只有我和母亲还没有到来。

我们在殡仪馆里守了一夜。奶奶瞑目躺在中间的玻璃棺中，四周被花束簇拥着，不见了昔日训斥爷爷时的趾高气扬。此时此刻的她，宁静安详得仿佛仅仅是睡着了而已。

第二天就是葬礼。清晨五点多，天还黑得宛若一汪深潭。

父亲作为长子在前面致辞，一口地道的家乡话，还未念过几行，已是泣不成声，周围的人亦是。我被揪心的哭泣声包围，却没有流下眼泪，只是把嘴唇咬得紧紧的，紧紧的。

并不是奶奶待我不好，相反，她待我太好，太好了。我是被她带大的，一直带到两岁多。母亲说我那时候躺在床上张牙舞爪的，总是喊"妈妈走，奶奶来，妈妈走，奶奶来"的，弄得她们哭笑不得。

奶奶是因为姑姑的孩子要出生才回的四川，一走就是好几年。那年春节我和父母回老家，坐车到饭店，她为我们打开了车门。她那天穿了一件黑色的棉袄，烫着卷发，胖胖的，迎着一脸的笑，但我就是感觉好陌生啊。我拽着母亲的袖口问，那个老奶奶，是谁？

我不知道这话奶奶有没有听到，但她定是感到了我对她的生疏和抗拒。后来的几年中，她不断地往返于四川和北京。母亲说这是她心里两头放不下。她是一个伟大的母亲，身在四川心在北京，身在北京心在四川，永远挂念着她的孩子、孙子、外孙，不知疲倦。

然而我和她，却一直未能再一次变得亲密。

也许是因为太过放纵吧，知道她永远都不会和我计较，所以才敢把心中的不快不加修饰地肆意对她倾加。那时候她每天都会到校门口接我，不高的个子，常穿一件红色棉背心，手里提着一袋新鲜的枣糕，挤在熙熙攘攘的家长间，也不和别人聊天，只是安安静静地候在那里，候着我。

从车站到小区有一段差不多十分钟的路要步行。总是我走在前面，她走在后面，准确地说，是小跑着跟在后面。她却只是笑笑，说，你走得太快了，我都要跟不上了。像白菊一样淡淡的口吻，没有半点责备的意思。

我却从来没有想过要放慢脚步来等等她。

等我终于想到的时候，她已经不能够再陪伴我走那段路了。她得的是肺癌。发现时已经是晚期，无药可医。

父亲直到她临终前才告诉她得的究竟是什么病。据说，她接受得很平静。她说："我猜得到的。"我记得她曾经的一位主治医生跟我们说，也亏得她不识字，明明单子就在她自己手上，却什么都不知情。她很幸运。

是的，奶奶很幸运，有这么多爱她的人编织着善意的谎言送给她，和那些心灵鸡汤书里的一样。可惜，这份幸运没能足以挽回她的生命。

我对她，终究是欠着的。她给我太多太多，我却还得太少太少。有时候也会想，如果她晚走两年，我会不会有所不同？会不会在她独自坐在窗前面对着落日余晖时，走上前和她说说话？会不会在回到家后不再急着进到自己房间关门上锁，而是问她有没有什么需要帮忙的？会不会停下脚步来，等一等她？

会不会让她多一点儿微笑？

也许，在我们的生命中，总会有这么一些人，犹如昙花一现般地出现，离去。在我们尚未懂事成熟、尚未懂得珍惜的时候，来得不知不觉，走得悄无声息，却在我们的心扉上刻下印痕，为的是让我们在遗憾中彻悟。

学会珍惜眼前人。

愿我的奶奶在天堂平安喜乐。

拥抱你的少女心

外向的人总是受人欢迎，内向的人会被认为不合群。但研究又发现大多数人都在伪装成一个外向的人。同样的，不管是长辈或者同龄人，总有一些人说："嘿，你内心怎么这么少女。"我的反应永远是："啊，难不成我该是个成熟稳重拥有一颗女人心或者男人心吗？"

此时的我只想拥抱自己的少女心。

拥抱你的少女心

麦田田

1

文理科分班时，在抽屉里找到一张纸条，纸条上写："放学后一起回家。"落款：×××。

"啊！"我一下子紧张地把纸条塞进抽屉里，脸红得快把头藏进抽屉里。我的心怦怦直跳，指甲快掐进肉里。那是我第一次收到别人的小纸条，而且那人还是我们班长得帅的几个男生之一。

我一整天都没能好好上课，连最喜欢的英语课也走神了，假装转身从书包里找东西时，眼神却时不时飘向后排那个给我写小纸条的男生，内心讨厌着这个写纸条的男孩儿，却又期待着快点儿放学。

叮铃铃，我快速地收拾着书包，内心焦急地等待老师布置完作业，便一路小跑出校门，直到安全地踏上班车，才喘着气坐在班车的最后一排上，紧张的内心随着夜色的降临变得平静下来，但脸颊依旧泛着红霞。那天晚上我失眠了，想着那个男生会不会生气地再也不理我，我懊悔得不行，但一想到那几个字"放学后一起回家"，我又害羞地躲进被窝里。

隔天早上，我到底还是顶着一双熊猫眼偷看后排的那个男生又连忙把头埋进抽屉里佯装找东西。

2

我比同龄人晚熟，无形中也受到很多人照顾，我很喜欢Eve Ensler 在TED演讲中说的一句话：我是一个情感动物。我内心依旧住着一个少女，总会因为别人做的一些事而内心雀跃着。

我跟同学在电话里说："手机快没钱了，不要给我打电话。"隔天，同学去充话费也顺便给我充了话费，也没跟我讲。事后，我要给他钱，他不要。我只好等下一个月充话费的时候给他充上。

在书城看中了一套书，想要买下来，朋友就一直在旁边说："不要买这套。"没过几天，他把我看中的那一套书送给我了。我随口说的书，他都提前买好了。

和人约好出去逛街，路上堵车，大夏天朋友生气地举着冰淇淋说："给你，快融化了。下次不许迟到！"

前天同学聚会玩游戏，我又成了那个唯一不会玩牌的人，被排除在游戏外。一个男生说："我们来玩其他游戏吧，我讲规则，这样华子也能一起玩。"

"我知道有一天，他会在一个万众瞩目的情况下出现，身披金甲圣衣，脚踏七色云彩来娶我。"我脑子里冒出《大话西游》的一段话。我看着那个男生介绍新的游戏规则，内心怦怦直跳，啊！那不是第一个给我写小纸条的男生吗？

3

初中那会儿，班里有个男生看言情小说被同宿舍的舍友传遍了整个年级。那时言情小说就像被贴上女生专属的标签，有着花花绿绿的封面，打开封面后就是迎面扑来的校园青涩味。而玄幻小说和篮球是男生的专属，所以当有一本充满少女澎湃心绪的言情小说出现在一个男生的手中，就会被当作不合群。

"男生就不能看言情吗？"我觉得这个问题可以转化成"为什么男生不能拥有一颗少女心呢"？

就像外向的人总是受人欢迎，内向的人会被认为不合群。但研究又发现大多数人都在伪装成一个外向的人。同样的，不管是长辈或者同龄人，总有一些人说："嘿，你内心怎么这么少女。"我的反应永远是："啊，难不成我该是个成熟稳重拥有一颗女人心或者男人心吗？"

此时的我只想拥抱自己的少女心。

我就是喜欢兵长，你咬我啊

殷 缨

这个世界是如此残酷，但同时，却又如此美好。

在一个被巨人之力所侵犯的世界，人类可以支配的力量如此渺小。但是，为了在这残酷至极的世界里存活，除了反抗没有选择，而一旦反抗便没有了可退的后路。

也就是说，生存，或者毁灭——这便是，进击的巨人！

《进击的巨人》在我们二次元迷心中已不仅是一部动漫，更是我们的追求；调查兵团不仅仅是一个团队，更是我们的梦想；自由之翼不仅仅是一个徽章，更是我们毕生的信仰！

渴望自由的他们，以性命为代价和筹码，为了自己的家园不受侵害，奋起作战，用躯体保护住城墙！面对一批批接踵而至的巨人，这无疑是接收到死亡的讯息，但是，仍然要战斗啊，毫不犹豫地战斗，要用自己仅剩的力量守住，因为，在我们身后的是我们的家人！

是的，我们是二次元迷，是动漫迷，我们疯狂地热爱《进击的巨人》。在放学回家的路上一定会故意绕路去文具店，看看有没有新的海报卡贴；在商场听到放《红莲之弓矢》就会很激动很兴奋，会大叫……或许有人会说二次元不过是虚假的世界，动漫是虚构的故事，这一切都是假的，相信什么热爱什么追求什么？！是啊，这就是臆想出来的，但是却又那么美好那么温暖，在多少个虚度的周末和无所事事的夜晚陪伴了我们啊！在别人看来，我们就是疯子，是啊我们是疯了，我们疯狂地爱上了这个虚幻的世界，疯狂地爱上了进击，疯狂地爱上了兵长，还有艾伦！

因为你们没有爱过进击，所以根本不会知道艾伦的死亡带给我们的冲击，所谓"世界上最远的距离莫过于，你在屏幕内死去，而我只能在屏幕外哭泣"。因为你们没有爱过《进击的巨人》，所以根本无法理解当我们看到艾伦从巨人体内爬出来的时候有多激动："艾伦没有死耶！"我们是有多开心，是有多欣慰！

我们不是中二病，我们也没有臆想症，只是我们也有自己追求的东西，飘扬的旗帜上印着调查兵团的团徽，那是自由之翼！那是我们的信仰！象征着的是无拘无束的生活，可以到城墙外的世界看看那天空是不是跟这里的一样湛蓝，看看那草地是不是跟这里的一样嫩绿，看看那溪水是不是跟这里的一样清澈……

我们就是这么喜欢，就是这么热爱，正因为《进击的巨人》，我们才知道了，原来，有种努力叫"要把它们全都驱逐出去，一个不留地驱逐出这个世界"；有种保护叫"最有效的管教就是疼痛，现在你最需要的不是语言上的教育而是教训"；有种执念叫"有你在，我就无所不能"；有种决定叫"自己来选择不会后悔的道路"！是他们，教会了我要为自己的梦想买单，教会了我即使没有同伴也要努力地战斗，教会了我做人要有责任心，这是现实的三次元无法带给我的。动漫，有的不仅仅是娱乐性和商业性，更有一定的教育性和指导性。

我们就是喜欢艾伦那勇敢逐梦的满腔热血，喜欢三笠那执着刚毅的侠骨柔情，更喜欢利威尔那可爱的小洁癖、酷酷的死鱼眼和只有一米六的身材……我就是这么的喜欢，你咬我啊！

怪癖小姐

九　人

1. 人生在世谁没有怪癖一二三

坦白说，我最近有点儿悲观。我不知道究竟是因为我觉得自己有点儿消极，然后越想越伤神的缘故，还是我本身就是一个有极度怪癖的人。

我希望是前者。

毕竟曾经我写纸条说我有很多怪癖，而他会笑眯眯地告诉我说他知道的男孩儿，已经被吃掉了。

这么描述可能会引起莫须有的误会，详写的话，就是十六岁的他被十八岁的他吞噬得一干二净。我是说，灵魂，他用来喜欢我的那缕魂魄被时光塞进嘴里吧唧吧唧咀嚼，最后噗的一声吐出一口浊气连骨头都不剩。

荒诞么?

好像是从上上星期开始，我莫名其妙地一遍遍剖白自己，没完没了地，也并没有受到什么深度刺激，反正状态就是那样了，以至于我现在没有办法好好读书好好写字。所以我想了想，还是把这些乱七八糟毫无逻辑的心理活动写下来，大概也许可能应该会恢复一点儿正常——谁知道呢，大部分写文的人不都是略有厌世情绪的么，那既然他们还坚持着写文，大概文字里是有救赎的啰？

我戴着耳机听苏见信的歌，我喜欢他的名字，以及声音。他在歌里唱："也是该跟人生和好了……而那些曾经，很过不去的，不也都过去了。"我以为这是一首关于告别的歌曲，终于割舍终于放下，是大路朝天各走一边的距离，是阳关道和独木桥的天差地别，按开手机屏幕看了歌名，却是《如果你还在就好了》。

这样啊，即使已经全都成为过去式，还是会想，如果你还在就好了啊。忽然想起那句被用到烂俗的句子：春天该很好，你若尚在场。可惜你不在，而现已近冬。所以理想总是十分丰富美好，而现实骨感得不要不要的。

不要猜测我字里行间暗指的人是谁，反正你们也不要喜欢他，知道太多对人身安全有害无益。我也没打算让他知道我还在文章里提到他——显得我好像旧情难忘似的，我才没有。

我无比期待他能过得糟糕一点儿再糟糕一点儿，人总是要现实不如意才会想起过去，我才好自我安慰他总有一天会后悔而我不会再回头。

这么久了我还是不甘心。

2．再不疯狂我就要老了

我认真地考虑过高考完要做些什么，没有激情就要有计划。

第一个月要呆在老家，首先是到时候报考学校之类的繁多事务不容我到处晃悠，其次是我要去学开车考驾照，没什么特殊的理由，早晚都要会的东西趁着空闲早点儿学起来并没有坏处。在那一个月里我还要兼顾写文和减肥，虽然有点儿担心到时候会因为毕业太放松之类的原因而灵感枯竭，但是计划什么的就先计划着吧，说不定就做到了呢。至于减肥，似乎已经是很早以前就想做的事，然而所谓的跑步，除了能让我的小腿变得结实几欲要练出肌肉来以外，并没有其他的效果。所以减肥会是一个浩大的工程，仰卧起坐？跳绳？深蹲跳？想想就很累啊。

　　再就是应该好好处理一下脸上的痘印了，手贱党完全无法让痘痘安安稳稳地在脸上度过生长期自然脱落，多半在发现痘痘的半个小时内就把它挤得鲜血直流了——其实也没有那么夸张，就是见点儿红而已。长此以往，我的脸已经像一个麻风病人的脸了——当然这也是夸张。

　　第二个月我完全没有打算呆在家里，我喜欢四海为家喜欢浪迹天涯。我在日记里写，因为孤独才要辗转旅行，因为心始终居无定所，才要一直在路上，不然有谁会热爱颠沛流离？

　　深圳的欢乐谷是一定要去的，我在深圳读了三年小学，每次看到公交站牌上欢乐谷的广告都向往不已，就当是为了小时候的自己而去吧。

　　说到玩刺激冒险的游戏，怎么可能一点儿都不害怕。我暑假去世纪公园，里面有个小型游乐场，那项游乐设施叫什么名字我已经不记得了，反正人坐上去接着就是升到高空不断颠来倒去，机器时不时就在我头朝下的时候暂停一会儿，我倒挂在高空，以一种俯冲向下的姿势。

　　那天啊，机器上只有我一个人，我的尖叫声在嘴边来来回回最后咽了下去，倒是底下的小孩子叫得欢，我悬在上面都听得到。下来的时候腿有点儿软，那是我第一次觉得原来我离死亡这么近啊，只要安全带和安全杠有一点点松动就必死无疑。

　　要不怎么说我是个怪家伙，居然觉得这样更能让我调整心态热爱生活。所以我是爱生活的，只是生活不够爱我，不过假如我是因为这样奇怪的理由去爱生活，大概也是不会去爱那个爱我的人的。

　　去深圳还想见见街猫，想和她一起在二十四小时的便利店煮热腾腾的方便面，一起熬夜一起看晚场电影，最后照一张合照然后让她给我签个名，我也可以在空间发条说说炫耀一番。总之到时再约。

　　趁这个漫长的假期还没有过完的时候，我还要去一趟福建，去龙岩。本来还想杀去福建三明市的，只是现在变得没有意义了，完全没有

063

理由去打扰曾经相谈甚欢的人，毕竟是曾经。

龙岩有我四个小伙伴，一男三女，有两个女孩子是因为《中学生博览》认识的，属于那种就算我们很久不联系，关系也依然很亲密的朋友，我可以对她们说一些奇奇怪怪离经叛道的话，什么都不用担心。一个是猫猫落姐，另一个是顾笙。

剩下的日子我大概又会宅在家里，看看书写写稿，幸运的话还能换点儿稿费借以报销旅游费。很想把海子和苏轼的诗都背下来，不过估计自己是做不到的，所以能认认真真地背几首自己喜欢的就好。要开始学穿裙子，改掉四仰八叉的坐姿和大开大合的走路姿势——好像又是不太做得到的任务，再深层次思考下去就会陷入"那样的我还是不是真正的我""真正的我又是什么样的"这类思维的死胡同。做不到也没关系，反正我反差萌啊。写到这里忽然被自己的语气萌到了，果然是越来越没皮没脸了呀。

3. 一个人要活得像一支军队

笔友给我写了一封很厚很厚的信，足足用了十几张信纸，她在里面一遍遍地提学习，几乎每一页的开头都是"我们刚刚考完试"。她说她的学校真可怕，晚自习让她们连坐三个小时考试考试考试，她们坐得麻木不已几乎要憔悴不堪大病一场——但是也意味着有无数机会逆袭。多棒！

她说你不要再看小说写小说，所有这些事情都可以等高考后再做，你心心念念的厦大你不要随便忘掉。所以我在打这篇稿子的时候羞愧不已。一边羞愧一边还是无法放弃，在考试里受到无数挫折，我只能在这里找回自信心。依然怪癖满满妄图避世。

我是很早熟的人，当过三年传说中的留守儿童，三年后全家团聚快乐地过了三年，然后又好多年好多年和老爸见面甚少。不是我想懂得太多，只是经历太多，不得不懂事起来。我的性格不应该是现在这样的，按照剧情发展明明应该是恬静沉默得不得了的家伙，偏偏跳脱得不行——所以什么样的自己才是真正的自己才不重要吧，为了快乐不是还可以假装么？假装久了分不清真假也是正常的吧，就算活成了别人的样子，开心就好了。其他的又有什么关系。

好像写下来对于舒缓心情确实有效果，又或者是因为我中午刚刚遇见了美好的事。骑自行车去学校的时候遇见一个反向坐在摩托车上的小男孩儿，嘟着嘴，我就学他嘟嘴然后冲他扮鬼脸，他玩得兴起鼓着腮帮子发出噗噗的声音像小鱼吐泡泡一样。

他妈妈听到声音回头看——然而什么都没有发现呢。嘘，这是属于我们俩的秘密。这样纯粹的快乐已经很久没有过了，感性又颓废的那部分总是要跳出来搅局，终于打败她。可爱的小孩儿。

好像还有很多要写的东西，比如我奇奇怪怪的扭曲的爱情观，我现在相信的并不是爱情的本身，我更相信自己。笃定了爱情就是应该一路昂扬向上的，然而总觉得如果我去告诉别人"我们在一起吧，但是我谈恋爱是为了好好学习呢"，是会被当成神经病打死的。

天知道我只是想要树立一个奋斗的目标——就是这么外强中干色厉内荏，我外表再怎么强悍内心还是想要依赖。我的爱情观就是不相信什么海枯石烂和永远，最现实的不过就是一起考进同一所大学，毕业后没有分手的话办场酒席结个婚，平平淡淡相守一生。

最重要的还是要留到最后写，我猜会耐心地从头看到尾的家伙不会太多，毕竟我已经啰啰唆唆写了这么多，你们大概也越看越心惊胆战。

我觉得我活到二十九岁就会死掉。我怕衰老。我并不害怕老人，怕的是自己那时干枯树皮一样的脸粗哑难听的嗓音和佝偻的背。很难解释这种惧怕，我从小学开始就经常祈祷，让我前半生好过一点儿吧，后半生怎样艰难都不要紧，我又没有打算活那么久。

不过也许也只是这样想想而已，毕竟我也一度以为我会一直巾帼不让须眉地风风火火，会横刀立马一夫当关万夫莫开，会讨厌裙子、长发和高跟鞋一辈子，现在却想好好当一个人人宠溺的小女生。

写到这里就停笔吧。我已经十七岁，大概也该努力了。一直靠着脑子好用在混吃等死，把老师委婉提醒我的"我觉得你还学有余力啊"当成耳边风，只读自己感兴趣的科目——这样下去实在是对自己太不负责任吧。

不需要其他的宣言和口号，我只要活得像一支军队，这样就好。

坏女孩儿，王小小

南 弦

1

我叫王小小，是个坏学生，很坏很坏的那种。用我班老师的话说就是：王小小，你简直就不是个女生。的确，我没有一个正常女生该有的样子，我打架、旷课，和老师对着干……甚至砸过校长室。

在这所还算不错的中学里，只要有一点儿上进念头的人都不会和我王小小在一起——在他们眼里我是避之不及的洪水猛兽，仿佛只要和我沾上一点儿关系，都会恶心得要吐。

说到这儿，可能很多人就会想，那你完了，都混成这样了还有啥意思了？但是不要忘了，毕竟还有和我一样的人，所以我一点儿也不孤单。我有一帮哥们儿——可以这么说，我们都是同类，是差生family。

每次考完试，我都和一帮差生站在办公室里，当中只有我一个女生，显得特别突兀。班主任总会指着我说："王小小，你简直是垃圾中的战斗机！"

对，他们都是这么认为的。起初我还觉得什么屈辱啊，愤怒啊，不甘啊，但现在我听得都已经麻木了，他们爱怎么说就怎么说吧，反正我也掉不了一块儿肉。老师继续用恶狠狠的眼神看着我，仿佛要把我剜

067

出一个窟窿来："王小小，今天把你家长找来。"找家长？我轻蔑地瞅着她："如果你觉得他们会来的话，随意。"

呵，无论是家长会还是开学，他们都不曾来过，电话那头永远是忙音，你觉得他们有多重视我。

回到家，我随手把试卷扔到客厅的茶几上，看样子他们今天是不会回来了。我转身回到房间，戴上耳机听《孤独患者》。"我不曾摊开伤口任宰割，愈合就无人晓得，我内心挫折，活像个孤独患者，自我拉扯，外向的孤独患者，有何不可……"多么贴切的形容。

过了一会儿，我听到客厅里有轻微的说话声，我不予理会。可是说话声逐渐变大，最后变成了争吵，还夹杂着瓷器打破的尖锐声。

我烦躁地拽下了耳机，开门走了出去，门被我关得发出一声沉闷巨响，仿佛在痛苦地呻吟。这气势成功地使正在争吵的两个人转头看向我。

我不耐烦地开口："能不能别一回来就吵？烦不烦人！"说完我就往回走。

妈妈很生气地指着茶几上的那张试卷，单薄的红色数字在空中瑟瑟发抖："我们在外辛辛苦苦地挣钱供你上学，你就这么说话这么回报我们吗？"

闻言，我停下脚步，转头看了她一眼，一些意味不明的情感夹杂在里面："那也是你们惯坏的。我怎么样都无所谓，不是吗？"说完，我就走出了家门。门被我摔得"咣当"一声巨响，却也掩不住里面砸东西的噼里啪啦声。

每次都是这样，他们一直都在忙，忙着挣钱，忙着做生意，好不容易回一次家，不是因为钱的问题吵架，就是看我不顺眼而骂我。我在学校的表现是好是坏他们从来都不会过问，只有做事不顺的时候才会搬出来做文章，拿我撒气。不吵的时候呢就把我当空气——我从小到大所有的家长会都是我一个人参加，就连学校举行活动要求带家长时，都是我一个人坐在冰冷礼堂的最后一排，看着旁边同学的家长对他们嘘寒问暖，我的心也逐渐变冷。

或许我是个多余的累赘，妨碍了他们跟钱过日子。

2

一边走，一边想，我来到了附近的街心广场。

广场上人声鼎沸，夕阳的余晖洒落在广场上，星星点点，带着几分萧瑟和凄凉。

我一屁股坐在了广场旁边的靠椅上，旁边是篮球场，只有少数的几个人在挥汗如雨地打球。看着周边的人都那么开心、那么幸福，我有种想哭的冲动，眼泪慢慢蓄满了我的眼眶，泪水将要悄然淌下。

就在这时，一只篮球砸到了我的胳膊。"嘶——"我倒吸一口凉气，很痛，低头一看已经擦破了皮，伤口处慢慢涌出鲜血。

谁这么该死！我皱着眉正想爆粗，一抬头看见一个俊逸的身形已站在我面前。

他貌似过来得很匆忙，光洁的额头上还有细小的汗珠，对我歉意地笑了笑。我突然就把要脱口而出的脏话收了回去，或许是这个男生太帅，我不想失了形象。

他递给我一个创口贴："真的很抱歉。疼的话就不要忍着了，一个人故作倔强可是很令人心疼的呢。"

我有些惊讶，不是因为他的道歉而是他说我令人心疼，我从未想过像我这样的女生也有人关心，一股暖流缓缓涌上心间。再抬头那道身影却已不见。

我们之间本该就这样没有交集渐行渐远，但我不想就这样擦肩而过，我要把他找出来，我要追他！

第二天，我找到我的那帮哥们儿，让他们帮我找这个人。等我回到教室的时候，一个腼腆的女生叫住了我。她的脸很圆，有一点点胖，看起来有点儿像包子，不像我是瘦小的瓜子脸。我认得她，我们班的学习委员，品学兼优，和我不是一个世界的人。

"什么事？"我冷冷地问。

她有点儿傻气地冲我笑了笑："老师说要你中午搬寝室，搬到306去。"

"哦，那走吧。"我无所谓地往外走。大概是老师又看我不顺眼了，嫌我待在那个寝室污染空气。

"哎，可是马上要上课了，你中午再……"她在后面喊道。

"啰唆什么，你去不去？"我不耐烦地吼道。

"哦……"

结果就是我在前面走，她在后面气喘吁吁地追。

到了寝室，她把我的新床位指给我看。

"哦。"我起身回原来的寝室搬东西。

"我来帮你。"她拿起我的被子。

"不用，别耽误了你们好学生上课。"我拉着皮箱向306室走去。

"没事儿，少上一节课不打紧的，我来帮你。"她柔和地笑笑，肉嘟嘟的小脸儿竟显得有些可爱。

"随你。"我依旧面不改色，但是心里略有柔软。

"好了。"她微微松口气，抬手擦擦脸上的汗。

"原来你行李那么多呀……还全是衣服。"她小声嘟囔着。

"懒得拿回去。"我言简意赅。

"我也住306哦，以后我们就是室友了，要多多关照哦！"她依旧傻里傻气地笑着。

"嗯。"我微不可闻地哼了声，算是答应。突然想起什么，我从皮夹里抽出两百块钱，递给她："拿去，找个老师把课补上。"

她像是有些愣住了，把钱还给我，小脸涨得通红，不停地摇头："我不是为了钱才帮你的……课我可以找老师补上。"

"拿着，补课或者买你喜欢的东西都行，我不喜欢欠别人的。"我把钱丢给她。

她有些生气："王小小，你……别看不起人。我……人穷……志不穷！"她的脸涨得发紫，一副气急败坏的样子，脸上的汗珠随着她的颤抖而滚落，显得有几分滑稽。

"呵。"我冷笑着离开，留给她一个高傲如天鹅般的背影。

没人知道，我其实只是想帮她。

3

坏学生的门道儿还是很多的，很快我就打听到了他的消息：他叫王杏，与我同校，但比我高一届，学习竟也不怎么好，但他有女朋友了。嘿，竟然和我是同类，我听到消息时兴奋得吹了声口哨。我很快就弄到了他那帮哥们儿的信息。

于是，我找准机会与他们结交。我很大方，每次出去玩儿都是我买单，与他们称兄道弟的。很快我们就熟络了起来，我也顺理成章地认识了王杏。

他们都知道我喜欢王杏，要追他。我从不藏着掖着，王杏也知道。

王杏的哥们儿总是不遗余力地起哄，让王杏从了我。每次我都笑得很甜，而王杏却总是皱着眉，低声呵斥他们："别闹！"效果往往适得其反，他们闹得更欢了。

王杏的女朋友不乐意了。那是一个非常漂亮的女生，烫着栗色的大波浪，穿着超短裙，那双美腿真是漂亮得让人移不开眼睛。她找到我，很嚣张地拽着我的衣领，恶狠狠地说："你最好离王杏远点儿！"

我冲她得意地笑笑："我就乐意黏着他，你奈我何？"

她愤怒地想打我，但举起手时看我冷得瘆人地看着她，像是想到了什么，又悻悻地放下。

还没蠢到家嘛，我略有遗憾地看着她远去的背影。

据说回去后，他们大吵一架。

几天后，我得到消息，他们分手了。

王杳找到我，在黄昏的操场上，他好看的脸上有一丝丝的疲惫："王小小，我们在一起吧。"

4

于是我们就在一起了。但每次不管是他约我还是我约他，都是我去网吧找的他——在那个烟雾缭绕、骂声冲天的环境里，意境全无。他看到我来了，总是很亲密地叫我的名字，但却是让我帮他付钱。他一玩就是一天，我就在旁边百无聊赖地坐着，有时候催促他，他就哄我说一会儿就好了，可是我一觉醒来他还在玩儿。

现实和想象落差很大，但我仍然坚信他是那个会善良地给予别人温暖的男生，我相信他和那些人不一样。

一天中午，王杳托人告诉我，放学后操场见。

傍晚的太阳总是很美的，夕阳照在他的身上给人一种朦胧梦幻的错觉。

他就站在那里，看着我说："王小小，我们分手吧。你是一个好女孩儿，适合更好的人，我配不上你。"

那一刻，我看到他的嘴角扬起的笑都化作了苦涩。好女孩儿？谁能说我是个好女孩儿？我心里觉得讽刺。面对着他我没有问为什么，被甩了还巴巴地贴上去，岂不自找没趣？

他走了，没有丝毫停留。我蹲在杨树下，泪水模糊了视线，却模糊不了我受伤的心。

5

在刚分开的那段时间里，我会习惯性地想起他，失去就像剪掉一截头发习惯性地摸到最尾端却抓到了空气。

有一天傍晚，我又一次走到了那个广场，同样坐在椅子上，同样的失落，但是没有同样的关怀，而是一场倾盆大雨。

我看到人们都慌慌张张地往家赶，突然就笑了，一股凄凉感袭来，你说还有人为我送伞吗？

没有，再也没有。

我站在雨里，大雨浇透了我的衣服，头发无力地贴在我的脸颊上。在雨中没人看得到我的眼泪，但是我知道，原来眼泪也有温度，灼伤了皮肤痛湿了心。

没想到在我最失落的时候一直陪着我的人，竟会是那个曾经被我拿钱"羞辱"过的胖妞儿。

我坐在寝室的窗台上，冷风如刀，刀刀割人血肉。我只要一想起王杏，眼泪就不住地落下。

胖妞儿在一旁不知所措，嘴里不住地安慰我："别哭啦，别哭啦，初恋无限好，只是挂得早。"

"哎哎，你真别哭了，不就是个渣男嘛，姐拿菜刀砍他去！"

"我求求你了，大姐，别哭了。"她不住地晃着我的胳膊。

"谁是大姐？"我飞过去一记眼刀。

"我是，我是。"她一脸狗腿样。

我忍不住"扑哧"一笑。她也乐了，明媚的笑容照亮了整个屋子。

6

其实no zuo no die真的是至理名言啊。

在失恋的那段时间里，我一直用狂吃零食的方式来填补我内心的空白，结果患上了过敏性紫癜，胳膊和大腿上都是大小不均的血红色小点，密密麻麻的，吓人极了。

妈妈放下了她那重要无比的工作带我看病。我看到她心疼的目光，第一次有了些许感动。

我住了很多天的医院，爸妈一直陪着我，妈妈更是寸步不离地守着我。

打了很多激素后，我终于好了起来。但被这些激素刺激过后的我，不再是那个叉着小蛮腰、大闹办公室的苗条女生了。

于是我休学了，与所有人都断了联系，一心在家减肥。

我每天只吃一个大苹果，就连水都不敢多喝。什么瑜伽啊，跑步啊，跳绳啊，各种运动我都做。一运动就是一天。记忆最深的便是，第一次用瑜伽球，我刚趴上去，球就扁了。我真的不知道怎么形容当时的心情了，是难过到极点却哭不出来的那种感觉。

由于没事做，我只好在家看书。一开始是那种市井文学，各种言情，逗得我是哈哈大笑，暂时忘却了烦恼。后来，我又开始看名著。

我在家呆了四个月，妈妈一直陪着我。我第一次感受到这么浓厚的母爱，她从不会因为我胖而刺激我，相反，在我发脾气的时候，她会温柔地揽住我的肩膀对我说："我们家的宝贝儿是最漂亮的。"

那时候我真的觉得我要哭了——不是悲伤而是感动的哭。如果我早知道得一次过敏性紫癜可以收获这么多，我宁愿再胖二十斤来早早换得这个秘密。所以当我瘦到九十斤重返学校时，我们的关系已经没那么僵了。

我返校那天，胖妞儿江心屿早早地就在校门口等着我。

我冲过去给她一个大大的拥抱，她高兴地回抱我："病好了？"

"嗯。姐还是那么美艳无敌！"我笑着答道。

"去死，你害得我担心死了！"她用力劈向我的后背。

"啊，痛！我才刚好，你要不要这么无情？"我一脸悲催地看着她。

"要。你之前是变胖了又不是腰坏了。"

"小样儿，看招儿！"

"啊，女侠饶命！"

结　语

我决心与过去告别，剪短了头发，与那些哥们儿断了来往，开始在江心屿大学霸（其实是伪学霸）的带领下好好学习，天天向上。

虽然基础太薄弱，落下的课太多，但我还是在家教、学霸双管齐下的情况下成绩在一天天进步。

或许我可以正式跟我的过去作个告别了。

你好，我是王小小，爱玩爱闹爱学习，你想跟我做朋友吗？

爱那个神经病一样的自己

范叶婷

小时候，我的内心住着一位歌手灵魂。那会儿对《同一首歌》痴迷得不得了，人生的一大乐趣就是在我家阳台上"开演唱会"，架衣服的叉子是我的麦克风。

姐姐坐在房间里写作业，我站在阳台对着她的窗户喊："我给你唱歌！"然后开启自嗨模式。

"接下来，给大家带来一首经典歌曲，会唱的朋友可以和我一起哦……#@¥&&¥#@¥……那边的朋友，举起你们的双手！……&*&%¥#@¥#……"中间还要自己去捧一支水彩笔，假装是现场热情粉丝送的荧光棒，"谢谢，谢谢大家这么爱我。"

演唱会开到高潮时，姐姐这个低俗low姐总会忍无可忍地朝我咆哮："范！叶！婷！闭嘴！"

每次去舅舅家都是我开演唱会的大好机会。那时表妹还小，对我特别崇拜。

我安排她坐在小板凳上，手里捧着塑料花，然后对她说，等下我的手在空中挥的时候，你就献花给我。然后自己在床上蹦跶："大家好，接下来，为大家唱一首我自己创作的新歌，希望大家喜欢哦！"我也不知道自己那时怎么那么厉害，调调张口就来，想到什么唱什么，歌词无非就是"我爱你""对不起""不要走"什么的……全是电视上学的。

　　小妹妹果然比姐姐配合多了，在我手一挥后马上爬上床把花递到我面前。这时有个重头戏，那就是我一定要落落大方地抱"热情粉丝"一下。

　　那时一直有个很大的疑问——为什么每次当我唱歌都会感到浑身发冷，手臂起鸡皮疙瘩？一开始以为是阳台风大，于是总会穿上厚厚的外套再开唱，可无论我穿几件都还是觉得好冷，冷得打寒颤。

　　有次我问姐姐这是为什么，机智如她为我解了疑惑："因为你唱得实在太难听了呗，你听电视上明星唱歌时就不会吧。你试试好好唱你会的歌，我保证你不冷。不信你唱《少先队队歌》。"一试，果然！唱《少先队队歌》不冷，唱《北京欢迎你》也不冷，一开演唱会，就冷！

　　于是我就此绝口，放弃"毕生热爱"的歌唱事业。现在想想满头黑线，当时的鬼哭狼嚎该是有多难听啊，竟然把自己都唱出生理反应了……

　　其实我真正的梦想是做个全能发展的明星，所以我内心不仅有歌手梦，还有个演员梦。

　　最喜欢和小伙伴演的一个桥段——临死前交代遗言的"激动人心"的时刻。逃跑时中了枪后，倒在爱人怀里，拉着他的手说："你一定要好好活下去……我……爱……你……"此时一定要表现出说每个字的肝肠寸断感，中间还时不时涌上一口鲜血，在艰难地说完最后一个字后，眼泪缓缓流下，手撒开，头一歪，堪称完美！

　　我也爱演失去爱人后的悲痛之状。抱紧爱人，把他揽在怀里："醒醒啊！你不可以丢下我一个人，你快回来啊……"戏的高潮就在于最后的一声长嚎"啊"——

　　演员魂直接导致小时候的我臆想症有点儿严重。每次和姐姐打架，我都会用指甲抓她的手臂，她也抓着我的，谁都不肯先放手，痛苦地僵持着。这时我情不自禁把自己想象成受到陷害的坚强女主，用尽全身每个细胞表现出一副忍辱负重的样子。我自以为逼真满分的痛苦却又毫无畏惧的表情，使原本怒发冲天、和我吵得面红耳赤的姐姐每次都忍不住笑场："你这一副要死要活的表情是要干吗啊！"

尽管那时活得像个缺心眼儿的孩子，可我还是没来由地爱与怀念那个忘我的疯子啊！

哎，美女

沐 夏

要说我现在对哪个称呼深恶痛绝，就一句——哎，美女！这一句话实在是我们这些长相一般的人的忌讳。这话要从一个月前说起。

一个月前的第二节课课间，我照旧和同桌一起出去散步。路上听到身后有人在喊："哎，美女！"几乎是下意识地回了头，然后眼前白光一闪，那个外号"猴子"的男生嬉皮笑脸地拿着个手机冲我们招手。"你在干吗？"我问他。然后他把手机递给我。我接过翻了翻，里面有一连串的照片，全是女生转过头的瞬间。我和同桌的在最后一张。"这什么情况？"我把手机还给他，有点儿莫名其妙。"嘘，这些都是我的实验成果。"他神秘兮兮地把手机拿走然后冲我摆摆手走了。"你说他在干吗？"我问同桌。她说："谁知道，男生本来就是神经兮兮的物种。"我想了想也是，就也没想那么多。

几天后的一节班会课，"猴子"像猴子似的蹦到了讲台上。"同学们，安静，安静！"他做了个安静的手势，然后装腔作势地清了清嗓子："各位同学，经过我充分的实践与理论结合，验证了一件跨越历史的事实。要找我签名的现在赶紧，等我发布到网上就红了，到时候你们可就都没机会了。"班上同学本来就在各忙各的事压根儿没人想理他，一女生抽空回了他一句："送你一个字：G, U, N！""唉，你咋这样呢？咱们接受的是素质教育，可不能说脏话啊。""你哪只耳朵听见我说脏话了？""得，你老强大，骂人都不带脏字。"

"当当当当——请看大屏幕。"不知道什么时候他已经打开了多媒体放映机，我抬头看了看，然后怔了一下，屏幕上的都是我前几天看到的那些照片。下意识地往下看，果然也有我和同桌的。"这些都是我在路上、学校的成果。你们知道这些相同的姿势是怎么来的吗？没错，就是我在背后喊'美女'时路人扭头看过来的瞬间照。由此可知，这个世界上，所有的女生心里都有一个美女梦。你看见一个女生扭扭捏捏地说'我又不好看，一般一般啦'，其实她心里指不定因为你喊她美女美成什么样呢。这也就说明了，大部分的女生还是喜欢听谎话的，而且女人都是一群口是心非的动物。""胡扯。"班上的女生开始骚动了。男生似乎也被提起了兴趣在一旁吹着口哨，嘴里发出阴阳怪气的声音："嘿，美女！""你这是侵犯了我们的肖像权你知道吗？"不知道是谁先开始叫了一句，然后就开始有女生上去删照片。不一会儿屏幕上就只有零零散散的几张照片了。

他略带忧郁地走下讲台，朝我摊开双手无奈道："这个世界大多数人都不喜欢听真话。""你是从哪里妄下的定论？"我白了他一眼。"哎，实践出真知。你可不能不承认啊？怎么说呢，这就跟你在学校大喊一声'同学，你鞋带散了'，然后齐刷刷一伙人低头看鞋一样的道理！不过……"他扭头看向班上的体育委员，"我喊美女时你竟然也回了头，唉，我说你是哪里来的自信和勇气啊？"体育委员是出了名的虎背熊腰的女汉子！虽然平日里男生和她称兄道弟她也不在乎，但是这话未免太过分了些。果然，她抓住"猴子"的衣领一个用力，眼神都泛着冷意："芙蓉姐姐都可以变漂亮，你凭什么觉得我不行？"……然后是"猴子"的惨叫。我到底是善良的，不忍心看下去，默默转身在心里为他默哀三分钟。

事实证明听到"美女"这两个字不是什么人都可以回头的，回头回得好那叫"百媚生"，没回好那就是"千夫指"了。

本来那时候这件事我也没怎么在意，可后来又发生了一件事让我不得不正视这个问题。

星期六的下午我去精品店买东西，经过重重砍价，终于把一百三十元的东西以七十元买回。我乐滋滋地道了谢然后走了出去。走出几米后听到那老板喊："哎，美女，你钱忘找了。"我当时一个激灵啊，心想，这老板人真好，我砍了她一半的价不说还提醒我忘了拿钱。这个世界果然还是有满满的爱意。我嘴角挂着笑扭头冲她迎了过去，笑意还未显在脸上呢，就见她瞥了我一眼然后跑到前面等着的一个女生那里把钱给了她。我的额头一下子浮现无数道黑杠，想到刚才砍价时说身上只有七十元，然后直接给她七十元的散钱就走了，怎么可能会有零钱找！那老板走回来路过我时停了一下，估计被我砍价砍得厉害，她心里也不爽然后就一下子发泄出来了："我说你这小姑娘，看着挺好的怎么人小鬼大的？我可是给你打了个半折，你怎么还见钱眼开呢！"她嗓门就一特大喇叭，周围的人都闻声看了过来。这可真是哑巴吃黄连有苦说不出啊！我默默垂头看地上有没有缝让我钻一钻，奈何这是条柏油马路连条缝都舍不得给我！

我第二天跟"猴子"说了这件事，他拍着手笑："我说什么来着，这年头唯money与美女其犹未亏。""改成这个鬼样子，你就不怕屈原晚上来找你啊？"同桌率先白了他一眼然后看我："唉，我说你啊，怎么一听到'美女'就回头呢？"……啊，实在是万分抱歉，怪我丑得不自知。最后三人讨论得出一个结论：就是那该死的"美女"条件反射害的！我决心改变这个被动的现状！于是乎，"猴子"决定训练我，他开始频繁在我旁边喊："哎哎哎，美女。"一开始我还是会条件反射地转头看他，然后被他用手机拍了下来，请他喝同等数量的奶茶！再然后，也不晓得是心疼钱包还是习惯了，我可以间接性地过滤那几个字了，为此我甚感得意。

然而上帝是个大闲人，每当事情发展得顺顺利利的时候总会在后面冒出一个"但是"！

我和小伙伴一起上街买衣服时，一个大叔的声音在后面响起："美女，你掉钱了。"我心一沉，突然想起"猴子"也故意喊了这一句让我又一次上当。于是在心里冷哼一声，这年头连大叔都这么俏皮吗，这个世界还真是乱套了。"姑娘，小姑娘，你掉钱了。"哟，不喊美女改喊姑娘了。这大叔还真是有点儿锲而不舍的精神啊。(后来我再想想，觉得一定是那几天的培训让我当时的脑袋抽了，一定是这样！)"唉，他好像真的是在喊我们啊！呀，还追过来了！"小伙伴频频回头似乎有点儿困惑。我实在没料到他竟然会追上来，我有点儿吃惊地看着他。没想到还有这么执着的人啊！关键是他还是坐在小轿车里头！

他一脸郁闷地看着我："小姑娘，你掉钱了吧！在那后面的转角处！我开着车也不好帮你捡。"我心一惊摸口袋，果然用来买衣服的三百元消失了。还好没走远，来得及！我暗想着。然后一回头就看见一电动车停在那转角处，有一个人开着车还有一个人下车捡起钱然后又坐回去，再然后看了我一眼就那样走了！只余我一人目瞪口呆地在风中凌乱。

"小姑娘，刚才我喊你你干吗不应呢？"

我眼里含着泪花向那位大叔道谢，也实在不好意思回复他"以为你在闹着玩儿呢"，只好说："我没听到呢！"苦水直往肚里咽啊。

但是我还是陷入了深深的窘境中，以后在路上听见有人喊"美女"，我是回头呢，还是不回头呢？

芦 花 妈 妈

或者是一年级那晚楼下师姐相拥而泣告别，又或者是污关关的提前出走（搬校区），让我想认真地给这两年写个句号。

但，其实，我都忘了，怎么破？

我经常写句号。但有时候写完后，常忍不住把圈涂黑，加个尾巴，把它变成逗号。

很多时候我靠记忆活着，我的记忆刻在手机的备忘录里、微信的聊天记录里、短信里、相册里。它们一旦消失，对我来说，自己仿佛成了没故事的人。

1

昨晚菱角问我要不要去潮州玩。我说，没钱，不去！

那就从潮州说起好了。

本来定好暑假赚好钱，找个地方去玩的。大连，上海（一说出来，就被众舍友喷了），大理，青岛……但预料到那时彼此有事，行程提前到五一，地点定在潮州。

小姬爬到我电脑前，我们一起查火车班次，找攻略。

出发前好兴奋，那晚我们第一次滴滴打车，蠢驴把滴滴页面截图给她哥哥。似乎我们的安全就交托给一个人了，虽然并没有发生什么。

　　道路两旁的大树郁郁葱葱，风声呼呼，车子向前行驶，仿佛我们正靠近前路幽幽的森林。到了火车站，取票，自拍，发朋友圈，候车。好饿，吃了猩猩的奥利奥。

　　记得一天之后的感觉是，在潮州玩，一天就够了。六个人，每个人都有自己鲜明的性格，大家彼此没怎么把心里的想法说出来，又get不到彼此的点。

　　还好，我们都宽容、坦诚并为对方着想。

　　话说，这次游玩也太随意了吧，三辆电动车打遍"天下"啊。

　　我想我们应该都记得那条灰尘飘逸的路，两天内来来回回走了三遍，最终依然迷路，原途返回。困了睡，醒了骑着车随意找家馆子吃。在很简陋的公寓住过，也在一般的酒店住过，它们有一个共同点：没地儿晾衣服。在路边摊吃过煮粉，在马路转角的餐厅吃了很好吃的家常便饭。污关关毫不客气地吃了三碗饭。哦，那天早上，我们在这个餐厅旁的早餐摊吃了粥，大大一碗白粥一块钱，好好喝。猩猩落在这里的新伞也找回来了，原封不动。

　　回校的前一晚，我们在一家砂锅店吃的。我仔细想了想，似乎炒河粉还没吃过。我便试着问老板有没有炒河粉。老板和老板娘转过身，同时笑了："没有……"

　　但我吃了最好吃的砂锅皮蛋粥。

　　对了，我们几个晕车，下车后消灭了一包辣条，果断不晕了。辣条神器，20世纪末新发明！

2

　　还有不得不说的复习周。复习生物时，遭遇了前所未有的瓶颈。怎样都背不进去，脑子很排斥它。前几天背政治时我还一副兴趣盎然的模样。

7月4号，6号，8号，生物、化学、物理连续三科专业考试。8号早上我已经查到了生物的成绩，83。

生物复习，是在考前的最后几个时辰发力，看得晕晕乎乎的。下午考试时，面对再简单不过的填空题和选择题却只能抓头发。

学这科时，没有特别认真，但喜欢附带的生化实验，尤其是综合性实验，几个人一起在实验室做实验，嘻哈又无比认真。所以有点儿在乎这科成绩。

综合性实验论文写完后，给老师发过去检查。老师返回来满满的红色修改笔迹。刹那间感动。不认真如何对得起这份期望？想办法找了很多论文看，这是我这两年中做的难得很有成就感的一件事。

物理可能一开始没怎么听懂，所以考试不带一点儿怕的。但刚开始复习就被那一长串儿的公式吓到了，从宪梓楼出发去西门买夜宵时想，连公式都看不懂，怎么复习？把填空题和选择题搞定后，对书本有了大概的了解，才开始攻克大题。

复习着复习着，竟觉得很有趣，原来都不难的！像是无意间推开了一个全新的世界，一个蒙圈到懵懂的世界，尤其奇妙。

回头一瞧，宿舍全体一进入复习状态就开始点外卖。

英子打通了外卖电话："喂，是阿姨吗……（电话那边似乎是男声，英子赶忙改口）是卖肠粉的吗？"

"你要什么肠粉？"

"蛋肠粉。"

"几份？"

"三份。"

"那你要什么肠粉？"

"三份蛋肠粉……"（电话机旁的我们，耳朵里无限循环肠粉肠粉……）

驴抱怨，背得要死的资料，老师一句"仅供参考，别迷信"把我打回解放前……

最可恶的还是，无论我是不是比她们早一步复习，她们的速度都能赶超我。

7月7日，给污关关过生日，也饯行。本来猩猩想在蛋糕上画一座房子，六个女孩儿。蛋糕师说不行。于是画了犬夜叉。很惊喜的是，打开蛋糕的那一刻，污关关竟然认出来了，犬夜叉。果然是真爱。

能做的不多，只有，挑个漂亮的蛋糕，买些好吃的薯片和菠萝啤，还有在相册上涂涂画画。无论怎样，最后一天终究来了。离别让心里哽得难受，但我们的傻瓜动物园会一直在。

3

偶尔，我突然想起很久以前的小梦想，上太空，研究岩石星球的千变万化。

绕了个弯，想起了很久以前的一个梗，猝不及防地笑出声。那天晚上停电，我手机没电，第二天要去远方见习。

小道消息说零点会来电，我等啊等啊，没等到。半夜三四点电来了，"哗哗哗"，宿舍瞬间一片光亮。我赶忙顺着梯子爬下，在桌子上找着手机，插上电源。然后"噌噌噌"地爬上床。

英子她们躺在床上，闭着眼，意识不清晰地等着我熄灯。姬宝宝干脆从床上探出头。等了一会儿，还不见关灯，反倒等来我再一次迅速爬上床的动静。

这件事后来提起好多次，每次姬宝宝讲，大家都笑得颤颤巍巍的。那会儿她们一脸蒙圈。而我压根没想到要关灯，只想着第二天在车上可以听歌，手机得有电。

这样有趣的事还有很多。姬宝宝老是学不会粤语，每讲一次，会讲粤语的都忍不住笑她。宿舍唱K，闷骚驴竟然是歌神。某晚我拔掉耳机音乐不小心流出了一两句，猩猩居然知道是EXO的歌，原来她也喜欢他们的歌。某天下午无所事事的我和蠢驴在走廊聊天，污关关在睡觉。蠢驴说，要是没有什么2+2计划就好了，污关关就不用走了。姬宝宝老爱吃完辣的再来根雪糕，每回都闹肚子，屡败屡试，名副其实打不死的"小强"。

我们宿舍全体成员与饭堂的饭菜闹翻了，和饭堂旁的煮粉阿姨混熟了。后来当然阿姨的煮粉吃腻了，外卖也腻了，仰天狂吼，天底下还有什么好吃的？

4

我尽量表现得是个外向的人，但每回都被人戳穿。更有甚者，一见面，就火眼金睛地断定我内敛。性格还真的是没办法装，他们都叫我开朗些，勇敢踏出一步。我每次都点点头，但遇到不熟悉的人依旧会局促不安然后逃走。

同学的奶奶。有一回帮同学补完课，她奶奶送我。她说，昨晚我这么晚一个人回家，她担心得睡不好。扑面而来一种亲切的感觉，我奶奶也会这样担心我。

数码店的阿姨。即便在店里只是整理整理货物，卖卖耳机、键盘，待得不久，但依旧多了些见识。记得她说我的笑容最美了。

等了我十几秒的公交车司机。车即将擦肩而过的那几秒，我才伸手拦它。司机很善良地在前方等有点儿欠揍的我，我赶忙追上去。

宿舍楼下超市的收银阿姨。一天我在冷饮冰箱前选饮料，她刚好走过来在我旁边整理一排排的矿泉水。"6520。"我转身看向她时，阿姨笑着蹦出这一句。6520是我的积分卡号码，像妈妈一样温柔的阿姨记住了。似乎在超市买单都可以刷脸了，幸福像花儿一样悄悄绽放，只属于我们的秘密。

还有可爱的同学。有一回下雨，我推着单车上斜坡，斜坡与平地交界处有一排车行阻道，只能把单车抬起来才能通过那条道。我微微皱眉的同时，擎着伞的左手也放到车把上，准备使劲抬起车。与此同时，后轮也被抬起。我惊讶地回头，模糊地看见一个男生在后面搭了把手。等过了这条道，我转身答谢。他微笑着说，慢慢来。狼狈又疲倦的人听到这句，就算置身雨帘，也莫名觉得舒服。

生命中真的有很多这种萍水相逢的陌生人，错过有些可惜，却也不可能成为朋友。

我真的不善于说再见啊，每次说完再见，却仍停在原地怀念。

尾　声

进步还是有的，毕竟尝试了碰碰车。在一个空空的固定场地，和舍友们咋咋呼呼地碰撞出会飞的欢乐火花。

毕竟感觉自己多了份坚持。起码遇到棘手的事不那么轻易言弃了。比如做题，比如写论文，比如把自己丢进群里跟陌生人交流。越不经意地坚持，越发现没那么难。

在车站一回头，发现一学期过去了，两年过去了，不知不觉，一条路，走了那么久。

宿舍几只好久没一起吃饭了。趁着周末，我们大老远跑去"芦花妈妈"撮一顿。

猩猩按捺不住，操刀而起："是'卢家妈妈'！"

Sorry，没下次了。

到了卜蜂莲花，我们找不着北。

"芦花妈妈，在哪里啊，小猩猩？"姬宝宝中了我的毒。

"你左手边……"小猩猩扶额叹息。

芦花妈妈，我们来了！

努力努力就好

　　我沉浸在大大的白日梦中无法自拔，如果老妈恰巧经过，看见我这个傻傻的笑容，准又会悲悯一下她的命运。她从小到大都是特优生，居然嫁给了我那个平凡又不懂得浪漫的老爸；这也就算了，还生了一个一点儿优良基因都没有遗传到的女儿，真是可悲啊。

努力努力就好

小 烨

属于我的漫长暑假终于到来了，简直是兴奋到爆炸。不过这种兴奋的感觉只持续了两天，老妈就说我不学无术！

居然用这种无聊的激将法想让我出去打暑假工，哈哈哈，你以为我那么天真可爱会上当吗？

但是看着老妈鄙视中带着轻蔑的眼神，我内心的坚持变成了动荡不安，心里面权衡一下，一定找到一份暑假工，然后干一天就辞职给老妈看，看她还能不能每次跟我说话的时候，鼻孔是朝天的！

然后烈日下，一个勤劳的小黑影在人群中不断前进，我开着小电动车，心里面哼着歌曲，走走停停看看，哪里有招聘的啊？

咦？这个"文员"是干什么的？就是那种坐在空调房电脑前一副谨慎的精英模样工作的？

好，这个好，尤其有挑战性，像我这种刚刚从人生的智商巅峰下来的人，当然是不在话下的啰。

我信心满满地进去面试。

不招暑假工？！

真是的，居然看不起学生党暑假工！

随后我摇摇头，替这家公司感到惋惜，居然把我这个人才给放走了，要不，我将会在一天内把他们给带飞的，让他们的人生瞬间升华，哈哈!

让他们走上《王者荣耀》不归之路，什么精英都不是了。然后，工作就全部都是我的了，哈哈哈，这才是真正的天才，面面俱到!

我沉浸在大大的白日梦中无法自拔，如果老妈恰巧经过，看见我这个傻傻的笑容，准又会悲悯一下她的命运。她从小到大都是特优生，居然嫁给了我那个平凡又不懂得浪漫的老爸；这也就算了，还生了一个一点儿优良基因都没有遗传到的女儿，真是可悲啊。

我简直就是老妈的对立面。

她曾经捧着我可爱的小脸蛋儿（反正我是这样认为，小圆脸都是可爱的）左看右看，然后痛心疾首地说："我的女儿啊，你长得正像我的恶魔的那一面，反正什么不好的、我不喜欢的，你都有了。"

我的天啊，这个天底下，居然真的有一位这样赤裸裸嫌弃亲生女儿的母亲!

《春天后母心》这样的电视剧我都可以拍出好几部了!我的悲惨故事，我的悲惨童年……

好多人来安慰我，然后给我捐钱，这样我也是一个有钱人了。

想到这里，我发现自己非常有经商头脑，这样，我还是有一些优良的基因是遗传自老妈的。

我这几天把家里的东西都收拾好了，高三留下来的每张试卷，还有每本厚得像砖头一样的资料书，是绝对不能扔的，因为，这是我高三的见证，青春的印记，还有，这样的痛苦，一定要代代相传，哈哈哈!

我决定把家里的锅锅罐罐都拿去二手店卖了，没想到，居然还有两百块钱!

我哼着小曲回家，只听到家里鸡飞狗跳的——"我的电饭锅呢?""我的菜刀呢?!"

哈哈哈，我想，这就是烟火人生了吧!

我的暑假工的路程还很遥远，努力，加油，每一天!

我的后桌是学霸

宋 玉

一

作为一个从小就和各种名校理科学霸一起长大的学渣，选择文科打从心里为自己感到很欣慰。

就这样在吃吃喝喝得过且过浑浑噩噩每天满脑子不切实际的幻想中度过了半个学期，猛然发现自己还啥都不会呢！

该来的还是要来，期中考试一过，整个人都不好了。不出所料，理科差成渣。但绝的是，班里居然还有人考得比我差。这可是实验班哦。

原来我的天赋异禀，心里不免有点儿小得意。

看了一下排行榜，美滋滋地想着考得还不错……哎？那是什么？数学十五分？又看了一下最高分，一百一十五分，郑瑞环。

天雷滚滚，感觉自己的头上下起了小雨，淋湿了整颗心。她不就是我后桌吗？就那个说我整天吊儿郎当不学习只看小说的同学。当时我心里还挺不服气的，你算哪根葱啊？不知道我双语还不错吗？年纪小小就那么爱训人。哼！

报应不是不到，只是时候未到。看着排行榜，我想我已经深刻感受到了这句话所蕴含的深刻哲理。英语和语文从前面找，数学倒数肯定一眼瞄到。俗话说，文科得数学者得天下。所以总的排名也倒数，排在前面的郑瑞环倒像是给我来了一个大写的无知。

班主任又来重新念名次，真的是不想活了。悲伤完不免重新反省，痛定思痛。以前可能真的是每天都在混日子，特别可怕的是自己居然还不知道自己在混日子。

于是我严肃地问了问我的同桌、前桌、后桌以及后桌的同桌，他们毫无例外地都重重点头。

"说实话，你有点像纨绔不羁的执拗文艺少女。"郑瑞环调皮地冲我笑着，还眨了眨眼。

"那还有救吗？浪子回头晚不晚？"我可怜兮兮地问。

"金不换。"

看着她的笑容，我觉得她好漂亮，瞬间对未来充满了信心！

二

每当我拿着一道简单的数学题问郑瑞环，都要受好多次打击。起初她是温声细雨十分有耐心地教我，无奈我脑子可能回环太多却没有几个数学细胞，一道简单的题说了三遍愣是没有听懂。然后她就开始不耐烦了，音量开启加大模式，有一种再听不懂就要发飙的节奏。

此时只能唯唯诺诺地假装听懂了。拿着草稿回来发现自己还是看不懂，只好赖着脸皮再抱郑瑞环大腿，臣妾真的不会做啊！

郑瑞环无语问苍天，抚额，有几只乌鸦从头顶飞过。

"如何与傻子交流？"郑瑞环的同桌小薇在旁幽幽来了一句，边写作业边嘲笑我。

"让你教一个1升等于1000毫升都不懂的数学白痴，真是辛苦你了。"学习中的我同桌推了推眼镜，毫不犹豫地雪上加霜。曾德娟，呃……我们真的是同桌，而不是前前同桌对吧？这么挤兑我，你良心何安啊？

"好，再教一次，最后一次，再不会就不要问了。反正说了你也不懂，浪费你的时间，也浪费我的。"

学霸都发话说再教了，我只好开足马力，用尽所有脑细胞，谢天谢地，最终终于打通了任督二脉，听懂了。

三

有句话怎么说来着，师傅领进门，修行靠个人。我这个"个人"属于悟性最差、惰性最强的那种。

坚持了几天下来，发现数学真是太难了。分分钟虐死我这种计算白痴！每次写数学作业都会有去角落里哭会儿的冲动。语文学了这么多年，作文写了这么久，从来都是励志文字，最后却都感动不了自己！我又自暴自弃地看起了小说。

"遇到这么点儿小挫折你就不干了吗？"郑瑞环拿笔使劲戳我。

"学不会嘛！哪里像你这么厉害，学啥会啥。"

"难道我就不学习吗？你猪啊，不学怎么会？"

"可是好难呢！"

"坚持，自勉。"郑瑞环好像有点儿生气了，静静地学习，不再说话。

难得有人对我这种"烂泥扶不上墙型"的如此在意，又如此认真。我有点儿感动，默默收起了小说，摊开了数学《优化设计》。

遇到不会做的就脸皮厚厚，各种狗腿儿地问郑瑞环，再怎么被打击都无动于衷，死不撒手。"我非要学会"的信念真是燃烧了我的小宇宙，不断支撑我向前向前向前。

当堂测、周测、月测接踵而至，考得很烂的时候，真是特别灰心，好想混到高中毕业就算了。郑瑞环看我一脸颓废，和我说了句不知道从哪儿看来的话——"请断了破罐子破摔的思想，我们的口号是，一科都不能少！越是不拿手，越要征服"。

郑瑞环，你总是这么乐观开朗、豪情万丈吗？说实话，这碗鸡汤我喝下了。学霸都这么努力了，我等学渣还不赶快拿起作业写写写？

正当我小宇宙重新爆发时，郑瑞环说，你先来教一下我英语。

郑瑞环的理科彪悍到令人发指，文学和英语也差到令人发指。写语文作文时，她问我，那个双目失明、双耳失聪的叫什么来着？夏洛蒂·勃朗特？

我摆起严肃脸，郑重地教她英语，结果她一脸萌萌地盯着我看。皮肤白皙，睫毛长长，看得我居然走神了。她又疑惑地问我看她干吗？

我是不会承认我在看美女的，结果一时嘴快："特别喜欢你这种听不懂却装作很认真的样子。"郑瑞环不好意思地笑了："你听数学时还不是一样？"

<h2 style="text-align:center">四</h2>

一个女神级学霸，其他科都好得呱呱叫，英语差点儿也丝毫不会影响她的光彩好不好？可学霸就是学霸，能拿出持之以恒的毅力来做一件事。

数学学完回宿舍，遇到刚从食堂回来的郑瑞环和她的小伙伴王冰。看她嘴里念叨个不停，我凑上去打趣，这是干啥嘞？

"背单词。"她装作很生气的样子回复我。

我故作深沉："背单词，路漫漫其修远兮——"

"吾将上下走楼梯。"她快速冲我调皮地伸了伸舌头，就和王冰手牵手上去了，只留我在原地石化。好家伙，几日不见，接话能力见长啊！

两个月下来，在郑瑞环万分辛苦的教导下，我的数学成绩也有了小幅度提高。

代表我的未来感谢这位美貌与智慧并举的学霸女神。我喜欢的欧豪居然也是她的偶像，学习的动力。那好，她向着他生长，我向着她看齐，一起努力吧！

奔跑吧小笼包

翁翁不倒

开始跑步的理由其实挺简单的，一个是为了减肥，当男神看我的眼神由欣赏小百合变为小笼包时，我就知道自己又胖了。另一个是为了减压，期中考已经过去许久，学霸们纷纷转入复习阶段，奋笔疾书，恨不得把一只手掰成两只手用，我实在压力山大。

然而，我实在没有勇气在白天跑，全身的肉都在动，实在太可怕。

于是乎，我将跑步计划定在了每个月黑风高的夜里，也就是晚自习前。

刚开始跑的几天兴致勃勃，跟疯子似的狂奔上几圈，热身运动什么的也没做。

第二天差点儿起不了床，两条小腿肿成白萝卜，疼得要命。

后来就渐渐摸索到窍门了，热身运动什么的一定不能少，跑完了还得做放松操使肌肉放松，此外跑步姿势还得正确，呼吸方式也有讲究……

好吧，这些都是从体育老师那学来的。

跑了一个星期后，感觉整个人都变轻盈了，心理作用，感觉自己瘦了很多，兴冲冲地发朋友圈，同桌立马就出现了：原来这段时间我看到的那个神经病就是你啊？你就不能注意点儿个人形象吗？

友尽！

"别怪我没提醒你啊，你男神可是经常在晚自习前到操场上打球！"

这是真的吗？！

我的眼前瞬间闪过一些画面。

因为是在晚上，我本身又近视，于是乎……

摘下眼镜的我，假装谁都看不见，肆无忌惮地掉节操。

比如说，头发不绑任由它们在风中群魔乱舞，顺便让风吹起我额前的发露出一张烙饼脸。

又比如说，跑得太快导致喘气喘得太像某种动物，同时龇牙咧嘴表情狰狞……

同桌诚不欺我，两天后当我刚刚跑完三圈准备休息休息时，一道淡淡的十分熟悉的声音从身后传来："小笼包！"

啊？

我整个人都僵住了，缓慢转身，只见男神手里捧着个篮球，就站在不远处，路灯的光线柔柔地映在他身上，整个人熠熠生辉。

当时我的想法是：啊！男神要来嘲笑我了，什么"你就像一只小猪一样可爱"啊。正生不如死时，只见男神羞涩一笑，声音不大却坚定地敲着我的耳膜，他说："小笼包！加油！"

一说完转过身就跑了，我在原地愣了好久才消化完这句话，特别开心地绕着操场又狂奔了三圈。

一个人跑圈真的很寂寞孤单，好在有学校的广播陪着，还有很美的月亮和星星。

有一天晚上的月亮特别大特别圆特别亮，比中秋节的月亮还漂亮。

我盯着它一圈圈地跑着，风在耳边呼啸而过，不知道哪根筋抽了，突然间眼泪一声不吭就掉下来了。

莫名其妙！

我安慰自己说今晚广播站放的歌真催泪啊。

突然发现放的是《小苹果》。

咳咳，不是还跟你们说了跑步的理由之二是为了减压嘛！

随便流点液体助助兴呗！

我默默擦掉眼泪，却发现越擦越多。

我只是突然想到自己迷茫的未来，想起自己烂得要命的成绩，想起整个教室静悄悄，每个人都在追赶着时间，我却呆呆坐着不知道该干什么。

语文还没复习，英语还没复习，数学还没复习……

又想到一年后的高考离自己已经不远了。

夜色催人。

有研究表明，人在夜晚情绪更脆弱，更容易悲伤。

我也只是个平凡人，所以真的不怪我啊对不对？

脚扭了，不得已，跑步暂停了一个星期。

等到能跑时突然又不想跑了。

别人都在忙着刷卷子，你还在想着什么乱七八糟的呢？

纠结了一整个晚自习，我发现自己用了两个多星期的时间来证明坚持多么不易，却只用了一个晚上来推翻它，诠释放弃多么容易。

很后悔。

第二天果断把前一天落下的都补上了，因为腿还挺疼的，所以跑的姿势有点儿可笑。

刚进校门的同桌远远地喊我的名字，我说干吗，她说你在干什么啊姿势那么狰狞，我说腿疼，她说那你还跑！

我想了想冲她喊"因为我有病"，她显然没想到我如此放得开，张圆了嘴。

我越想越乐，又喊了一遍："因为我有病啊你知道吗？"

过路的同学惊奇地看我，我装作没看见继续跑圈。

是了，我一直在和别人比较，却忘了做自己。

我不屑书呆子学霸，却又暗暗羡慕嫉妒恨。

觉得淑女矫情，又在男神面前违背本性，小口进食小声说话。

可是，就像如果我不是真的想减肥，即便男神不喜欢我讨厌我嘲笑我是猪，我也不会因此去改变自己，因为我一点儿也不喜欢那样的自己，一点儿也不。

一个好消息。

操场不只是我一个人的了。

前天发现一个高三学姐在练向后跨步走，今天又发现一个高一学妹也在跑步，顿时自豪了，怎么说我现在也算是资深跑步人士了有没有？

看到那个高一的学妹就像看到了之前的我，毫无经验地跑，才跑了两圈就呼吸困难面色苍白不得已停了下来。

我加快速度，经过她身边时伸手拍了拍她的肩膀。

她疑惑转身，我冲她一笑，手臂往下一屈，说，加油！

真的没想到曾经三分钟热度自称毫无体育细胞的我有一天还能对别人说，加油加油加油！坚持坚持坚持！

恍若隔世。

我一直有个小癖好，喜欢追着月亮跑圈。

月光有种莫名的魔力，能让我的心变得很静。

每晚的夜空都很美，但似乎今天格外美，广播站又放起那首歌了。

最初的梦想，又怎能在半路就停下？

我愿一直朝着月亮的方向，努力奔跑。

加油，小笼包！

有种人生叫狂热

二 笨

二笨，初级码字匠，资深犯二家。天生不是萝莉却因身高原因年龄永远被人打八折，坚信浓缩的都是精华，装嫩不是罪过。性格拧巴，心理诡异。时而嘴贱无敌，时而自卑无力。爱文字却不够小清新，目前最大的梦想就是攒够全套的"盗墓笔记"装备然后带着余额不足的节操流浪在天际……

和老友一起吃午饭的时候手机突然响了一声。我拿起来瞟了眼发现是同学在《老九门》新的剧照微博下@了我。一时间想不到要回复什么就干脆发个"朕已阅"然后放下手机继续吃。老友探头看屏幕，见我反应平平，一脸震惊。

"你不是最喜欢《盗墓笔记》的吗？"

没等我应声，她自己又恍然大悟，"说起来好像很久没看见你在空间发有关'盗笔'的动态了，应该是不喜欢了吧？也是，三叔现在的名声可不太好。"

我愣了一下，咽下嘴里的米饭："我喜欢。"

"啥？"

"我喜欢《盗墓笔记》，还有，南派三叔。"

最开始接触《盗墓笔记》这部小说大概是在高一，后排的男同学在书店一口气买了七八本恐怖悬疑小说带到班里。反正我向来是个性别模糊又没皮没脸的，也扎在人堆儿里抢了一本。而后每每回忆起这段都又悔恨又庆幸。恨是至此跳进了"盗墓笔记"的大坑再也爬不上来，幸是我运气不错，没有因为所谓"女生的矜持"和这么对口味的一本小说擦肩而过。

那本书叫《秦岭神树》，是《盗墓笔记》系列八部九本书里的第二部。

也是我这个阅"鬼"无数的悬疑小说爱好者私下觉得最为恐怖的一部。毕竟在我看来无穷的想象力比什么妖魔鬼怪都可怕。

如果说幽默的文笔、恢弘的布局、奇妙的幻想，这些足以构成我崇拜"三叔"的理由，那我崇拜的人实在是太多太多了。

这时的我，是书粉，不是叔粉。

转眼到去年，我听了"三叔"的一场主题为"狂热"的讲座。讲座里"三叔"讲了很多故事，比如自从写了《盗墓笔记》满脑子妖魔鬼怪啦，比如吃饭时会把家人认成粽子啦，还有一度太入戏精神失常被关进疗养院啦等等。洋洋洒洒一个小时讲下来，直到最后我能记清的其实只有两句话。

第一句是："我这一辈子，只做了一件事，就是写作。"

我承认我中二我愤青，我承认我冲动没脑子，但我更得承认我在听到这句话时在心底翻涌着的热血。

曾几何时我也立志成为这样的一个人。可在一系列现实的冲击下，胆小如我，怯懦如我，别说在众人面前堂堂正正地讲出来，就算是让我偷偷写在日记里我也不敢。

"你未来想做什么啊？"如果现在有人问。"呃，先把期末考过了。然后……考研……"我必定如是答。

用一辈子去写作什么的，我深知自己做不到。

懦弱的人，总是需要更多直白的鼓励。

这时的我，是书粉，更是叔粉。

有人说，知道《盗墓笔记》的人不一定认识南派"三叔"，但认识南派"三叔"的人一定知道《盗墓笔记》。"三叔"听后笑笑，对啊，恐怕我这辈子都要和"盗墓笔记"四个字捆绑在一起了。这句话让我想起了很多人。比如说，用一生去演一只猴子的六小龄童。再比如说，一辈子致力于抗疟科研的屠呦呦老师。

随着《盗墓笔记》系列的终结，我对"盗笔"和"三叔"的关注度也慢慢降低。有感兴趣的消息就去看一眼，没有就关上手机安静做自己的事。毕竟，无论那纸上描绘的故事多令人向往，我们终究要合上书页，跋涉在自己的世界里。

最后的最后，我还是想用"三叔"讲座的那句话来结尾——我所理解的狂热，就是选一件你爱做的事，然后一直做下去。

这个二班画风有点儿清奇

朱瑞琴

我并不清楚别的年级的二班是怎样的，但作为二班的同学，我们把"二"字发挥得淋漓尽致。当然，老师有时都会被我们感染得一同"二"到底。

1

某天语文课，上课铃响后老师一直没来。十分钟过去了，我们忍不住让班长去办公室看看。

几分钟后班长回来了，众人一脸期待："老师呢？"

班长很无奈地说："老师就在办公室，只不过还没来上课。"

坐在我前面的某琪瞬间影帝附身，双手捂了一下脸，又立刻松开，上一秒还在跟别人嘻嘻哈哈，这一秒就一脸悲痛："明明有来却不来上课，呜呜呜我们被放弃治疗了，难道我们无可救药了吗？！"

啧啧啧，我看少年你骨骼清奇，很有演戏的天分呐。

2

有段时间班里一直很流行一个梗，"我这一生最讨厌……"

　　某天，某琪和我后桌聊《王者荣耀》，某琪的同桌在他们聊到最兴奋时插了几句话。

　　某琪："不要跟我说话，我这一生最讨厌你们这些黄金狗了……"

　　后桌："我这一生最讨厌你们这些坑货了……"

　　夹在某琪与后桌中间忍受他们唾沫横飞直到忍无可忍的我："我这一生最讨厌你们这些眼里只有游戏不顾别人的人了……"

　　某琪："我这一生最讨厌你们这些动不动就说'我这一生最讨厌'什么的人了……"

　　得，说不过你，我还是默默写稿子去。

3

　　前阵子班风不太好，总有人上课玩手机。第一组靠近窗户，外面就是走廊。

　　某天上数学课。

　　第一组的一个男生拉上了窗帘。接着他前后的人也都把窗帘拉上。

　　数学老师看了看外面阴沉的天空，猛地喝住那些人："干吗呢干吗呢，把窗帘拉开，外面这天气弄得班里阴沉沉的，你们还把窗帘拉上，哼这有玩手机的嫌疑！"

　　吓得那些人赶快把窗帘拉开了。

　　这件事之后我们轮换了一次座位，那些原来在第一组的人都换到了最后一组，又是靠窗，只不过这次窗户外面不是走廊。

　　上数学课，上次的事件又重演了，老师气得直翻白眼："又想玩手机吗？啊？"

　　全班寂静无声。只听到一个声音幽幽地说："老师你觉得我们坐在这里，再拉上窗帘玩手机有意义吗？那窗户外面可是空气，你觉得我们要玩手机难道还怕窗外有人盯着吗……"

呜，突然觉得全身发冷……

4

有一天老师说要上英语公开课，我们要事先演练一遍。

到了第二天公开课，老师将演练的内容重复了一遍。到提问环节结束鼓掌的时候，某琪用极小的声音唱道："该配合你演出的我演视而不见，别逼一个最正直的人重复表演……"

少年你这是喜欢薛之谦喜欢到入魔了么……虽然我承认你唱歌真的很好听……

5

某天，某琪与她同桌在争论关于钱的问题。

某琪说："上次请你去食堂吃香的喝辣的，现在我没钱了，你看着办吧。"

她同桌："嗯，上次你有钱，你吃什么我吃什么，现在呢，我没钱，就只喝得起楼下自动饮水机里的白开水了，你将就着吧。谈钱伤感情啊！"

某琪是什么人哪，阅人无数。她一本正经："谈钱未免也太俗了……我们应该……"她顿了顿，"谈money！"

此时应该自行想象一下某琪的同桌变幻莫测的脸，以及某琪的惨叫……这画面，太悲伤我不敢看……

6

上语文课前，因为老师说要抽查背诵，很多人都在疯狂背书，指望临时抱佛脚能应付过去。

某琪和其同桌背古诗背得摇头晃脑，与古人背书摇头晃脑的程度有得一比！

某琪念着念着韵味十足的宋词就变了样，念着念着就将李煜的《相见欢》念成了这样：剪不断，理还乱，是你丑，别是一般滋味在心头。

而后魔怔了一样一见人就说：是离愁，是你丑，是你丑哈哈哈……

结果的结果呢，由于一直被某琪的"特别版"古诗洗脑，在老师抽到我背诵的时候，"是你丑"三个字不经大脑便从口中跳出来……

我在老师心目中的美好形象，就这么毁了……

7

数学老师说，转基因的东西不能多吃，那其实是某国的阴谋！在某国转基因食品都是喂动物吃的，来到了中国，众人却恨不得多吃一点儿。

大家不以为然，他自己好像想到了什么，心血来潮说，跟你们讲个笑话：话说某某一直吃转基因食品，他长大后结了婚有了一个孩子，孩子生出来后也总是喜欢吃转基因食品。某天他听说转基因食品吃多了会导致基因突变，就突发奇想带他儿子去做DNA检测。结果，两个人的基因不一样。他老婆在旁边幽幽地说，是因为他转基因食品吃多了导致儿子的基因跟他不一样。

老师自己讲得忍俊不禁，大家哄堂大笑。同桌说，这不就是那个人的老婆出轨了吗？

我就笑笑不说话。

8

其实我们的故事未完待续，曾经梦到我被迫离开二班，到隔壁班去上课，我哭着喊着要回二班，可是他们都好像听不见。

醒来时我无比庆幸这只是个梦，从此也更加喜欢二班了。

还有一年就要各奔东西了，那么就加油吧，剩下的一年，我们一起二到底！

努力努力就好

留住一颗"书心"

盛健宁

遥想当年，聊斋先生摆一张檀木小桌，持一把长柄蒲扇，等待往来的行者讲述跨国的高山大海，后在幽诡月光下挥洒出一个花妖狐魅的幽冥世界。现世之人，何不在料峭长夜中，点一盏江湖雨夜灯，品一缕书心煮出的茗茶香，使枯寂的生活变得滋润，使躁动的心变得平静呢？

徜徉人生，唯有身怀"书心"，方能发掘永恒的美。少年轻狂，敬仰萧峰雁门关外断剑自尽的气吞山河，流尽两行热泪，动容于悲壮之美。青年离愁，难忘邵之雍与九莉的爱恨情仇，在时间的荒野里山水两忘，哀伤于凄凉之美。行至中年，阅尽世事人情于中庸之间瞥见人生归宿，向往梁实秋以猫为伴的雅舍闲情，终知人生真谛应为平淡朴素的自然美，正是青春用年华勾勒出道道绚丽，暮年以书心沉淀出份份平淡。

朱光潜有言：时间并没有俯拾皆是的美，凡是美都要经过心灵的创造。用"书心"延展的美，自然超凡脱俗，臻入美中化境，它使贫瘠的生命变得丰富，它使平庸的生活变得多姿多彩……

窗外纷扰，唯有身怀"书心"，方能固守平静的美。彷徨在人云亦云的盲目与不安中，是否会用书心坚守陈寅恪宣言之独立人格与自由精神？"书心"助人锻造出强大的内心，使人明辨是非，兼得感性与理性的真理。昔日哲学家康德用理性仰望星空，又在感性中不忘初心；今亦有一代人受黑格尔、弗洛伊德等熏陶，使灵魂得到苏醒和发育。虽时过境迁，眼前所见瞬息万变，我辈亦能坚定一颗"书心"，无论人生之路是平坦抑或坎坷，终会守得云开见月明。

传承创新，唯有身怀"书心"，方能积淀传统的美。泱泱华夏五千年文明古国，曾经诸子百家的辉煌已成天边云烟消失殆尽，曾经浩如烟海的典藏已束之高阁无人问津。迅猛发展的信息社会，世人耐不住青灯伴读的寂寞，萝卜白菜似的快餐阅读成为一种大众时尚。湮没了在《三侠五义》中的仁侠精神、《儒林外史》中关怀现实的批判精神、《二十四史》中春秋笔法的严谨精神。在肤浅可笑的玄幻文学之间，在繁重如山的教辅资料之中，让一颗原本用来品味传统文化的"书心"消磨殆尽，更折损了传统文化蕴含的民族精神。"书心"一丢，精神尽失，民族传统文化亦将化为汉家陵阙。我担心，百年后人们谈起当代文学尽是无休止的鸡汤美文，若如此，何谈文化复兴，何谈继承传统文化傲视举世群雄？

"书心"何来？它来自于结庐在人境仍能甘居寂寞，守一方书巢独坐静好；它来自于居单调乏味生活仍能弹琴长啸，让漫长岁月凝成长歌；它来自于在迷惘与虚度的时光仍能不忘初心，与书相伴让民族血脉在传承中创新。更重要的，是在这个纷繁复杂的世间，能把实现伟大民族复兴的中国梦与自己的梦想串在一起，不忘初心，奋力前行……

书相伴，心致远。在这个纷扰不断的世界里，我愿伴着青灯黄卷，坚守一颗"书心"。

班长是怎样炼成的

殷 缨

"班长在哪儿？出来管管纪律！"

好吧，这是本次晚自习第n+1次荣幸地被某油光满面大腹便便and地中海发型的教导处主任点名了。每当这样尴尬时，我只能默默站起来，弱弱地说"我是二班班长"。然后听着千篇一律、都能倒背如流的数落话：

"瞧瞧你们二班吵得跟什么似的，开辩论会吗？还能玩儿啊？知道'自律'俩字咋写不？学风学风，可学着学着就疯了怎么行？班长，你怎么看？

"班长你倒是吱一声啊，这么下去怎么行呢，发挥一下你的威信啊，班长这名衔不是花瓶龙套打酱油啊！

"你们班，就仨字——脏乱差，班长你得好好管管啊！"

接着就是老师的摇头和叹气，满脸恨铁不成钢的样子，顶着"老子从没见过这样乱七八糟的班"的狰狞面目转身离去，再接着，教室里仍然无视批评，继续吵闹。

我得先澄清一点，咱班这样真不是我纵出来的，都是前任班长宠出来的。上一年初来乍到，我们班并没有引起多大注意，可是现今我这个班长背负着各科老师鄙夷的目光以及行政领导施加的压力，真心想捶胸大呼伤不起啊！

我本是学习委员，重点在管理学习，而后承蒙班主任厚爱与器重，将我提为班长。刚接手管理班级，其实我还是不紧张的，毕竟我也是创下过六年连任班长记录的传奇人物哎！好吧是小学，千万别拿拖鞋拍我啊。当时班里同学对于教育批评那是绝无二话，可谓是叫你往东不敢往西，叫你坐着不敢站起！可现在不同，大家都有了自己的思想——我就喜欢跟后桌聊八卦你管我？我就是喜欢在晚修边抄作业边啃苹果你管我？我就喜欢听着学霸刷题时的沙沙写字声去会周公你管我？

　　按以前我还真不屑管呢，可是现在我就、要、管，怎么着，咬我啊！

　　要想让被誉为"极品"的二班短时间内改邪归正还真不是件易事，因为有些顽固分子在捣乱，还有部分同学对上任班长的旧情未了，我还不能随心所欲地改革，伤脑筋啊伤脑筋，费脑细胞啊费脑细胞。不过呢，我人品还是不赖的，遇到瓶颈正抓耳挠腮时，我受到了语文老师的鼎力相助，一份近乎完美的班规如叶子般轻轻飘落到我的桌面。规定不算多，却是条条对症下药，我也是醉了。真得竖一个大拇指给我们的"灭绝师太"，绝！

　　话说，语文老师还不算很了解我们班，我们班同学可都是淡泊名利的条条好汉啊。违规扣德育分都只是潇洒地喊"I don't care"，于是我机智地把惩罚那一项加上了罚扫地，唔，我是不是不该把这种罚小朋友的方式用在我们同学身上啊？

　　一轮皎月将淡雅光芒肆意洒落在校园各处，也让人将其与朦朦胧胧的路灯光混淆，甚是有诗情画意，但是教室里完全没有这优雅祥和的意境啊！

　　晚自习不在班规生效范围之内，看来本班长该亲自出马了。我走上讲台敲敲桌子，说"安静"——被华丽丽地无视；我拍拍桌子，提高音量说"别吵了"——吵闹声仅是减弱了一些，这算怎么个意思？不过我可是一不做二不休的，于是满脸黑线的我再次用力拍拍桌子，扯开嗓子吼道"消停会儿行不"——霎时教室安静下来了，大家齐刷刷地望向我。可不足三秒，大家又扭头继续聊人生聊八卦聊理想去了。此刻我淌血的心啊……不带这样伤害人的好不?

就我存在感为零的问题,我召集班干部开了一次小会。"谁吵就扔一粉笔头过去!"这是宣传委员说的;"还是温柔以待吧,虽然同学们明显的吃硬不服软。"这是文娱委员说的;"俯卧撑!"这是体育委员说的;"凶不管用那就扯大道理吧,走苦情路线会挺吃香。"这是卫生委员说的……一直沉默寡言的组织委员开口道:"你得树立威信,首先……""首先你得有个QQ号或手机号!(微信)"其他委员集体喊出这话,我白了他们一眼,剧情不是这样的啊喂!说好的实用建议呢?罢了罢了散会吧。

老师说,要以不同的方式对不同的人,或许这就是"因材施管教"吧,任何事都并非一成不变的不是?对于吃软不吃硬的进行思想教育,吃硬不吃软的给他苦头吃让他"好受",软硬不吃的软硬兼施,难道还不肯卖我个人情?

其实呀,班里人都是挺可爱的呢。物理测试的时候,因为老师不在所以我监考,班里有聊天的,有翻书的,有作弊的。我板着脸道:"不可以作弊,作弊德育扣五分,给别人看帮别人作弊也不可以!"一男同学问:"给别人看也扣五分吗?""是!"我想都没想就脱口而出。然后在众人的目光中,那男生气势凛然地走上讲台,盯了我的试卷好几秒,我才猛然反应过来——混蛋!然后另一个男生很配合地走过来在黑板上写"批评:陈某某,江某某(各扣五分)"我感受到了这世界满满的恶意!泪奔!请容许我一个人在角落静静……

我们二班很散漫却很团结,很差却不差劲,班主任说不想我们班的人都是学习机器,没有一点儿血性,所以我们班是自由的,有个性的,特别的,张扬的,疯狂的,"独二无一"的。也许,我们不是一个好班,但是,我们一定是一个好的团体。而一个好的团体应具备的条件是,团结、热血、向上。我们已然团结与热血,唯独差了那么一个积极向上。

因为希望我们变得强大,所以我就得先变得很强。嗯,革命尚未成功,同志仍需努力!

今已亭亭如盖矣

　　那一刻蝉声聒噪，书声琅琅，你有着全世界最好看的侧脸。因为有你，存放在我记忆里的这个午后仿佛被打上了柔光，连一脸铁青的班主任也变得温柔无比。

　　故事说到这儿，我才发现这么多年了，当初在我心里破土抽芽的情愫今已亭亭如盖矣。

今已亭亭如盖矣

阿狸

12月的广州像一个拖拖沓沓的孩子终于挤上了冬天的末班车，虽然这座城市不下雪，但冷起来还是挺要命的。我还是像以前那样，冬天喜欢吃拉面，因为热气腾腾的食物总会让我心情大好。

圣诞节那天下午，有一个老大爷在马路边儿上弹唱《斑马，斑马》。他有着宋冬野的身材却没有那样的好嗓子。路过的一个姑娘挽着女伴的手说："弹得这么差还好意思出来卖唱，真不要脸呢！"但我却不由自主地向他走去，迅速翻遍每一个口袋把零钱给了他，然后逃也似的跑开了。

你就那么猝不及防地在我的记忆里鲜活起来。

你还记不记得念高中那会儿，校门口不远处也有一个老大爷整天在那儿含糊不清地唱。每次你都会拽着我不让我走，然后迅速翻遍我的每一个口袋把零钱给大爷。我气得跺脚，大声抱怨着买游戏装备的计划又泡汤了，你却笑嘻嘻地说，你的就是我的，我的就是你的，别那么小气。

我呆若木鸡地点了点头，反应过来时已经被你拽着飞奔起来，踩着铃声踏进教室。当时我忘了问你一个很重要的问题：那么你又是不是我的？

你看不到那天下午我的脸刷的一下红到了脖子根，就像你看不到有些莫名的情愫也随着时日在我心里破了土抽了芽。

现在你不在我身旁，没有人去翻我的口袋了，我只好自己掏钱，动作越来越娴熟。

冬天我会围着一条丑不拉叽的深蓝色围巾在校园行走，那是你送我的生日礼物。我的生日刚好在夏天，一个风扇吱呀吱呀转个不停的季节，那天我满头大汗地赶到麦当劳，你从背包里掏出一条深蓝色的围巾，不，那充其量是一条不规则的针织物。你不好意思地说这是你第一次织围巾让我多多包涵，我说那我就大发慈悲地原谅你吧。

说好的来年生日给我再织一条，你怎么忘了，但我却不敢提醒你。

暑假的时候陪小妹看《旋风少女》，插曲里有一句歌词我记得很牢：原来最美的话在于不说，承诺在于我们都忘了。

只是我比较固执，迟迟不肯忘记。

高一暑假的时候我无意打趣要写稿赚好多好多的稿费大口吃肉大口喝酒，次日一大早你就狂敲我家的门，把一大堆青春杂志塞到我怀里。我爸说君子一言驷马难追，我便硬着头皮没日没夜地写稿。我的笔名是你给我随便起的。一晃写了两年多，这个拗口的笔名我一直不敢换。

因为在这时光的洪流里，我怕你认不出我。

高三那段令人窒息的岁月里，我们常常会翘掉自习课跑去实验楼的楼顶吹风。你一边大骂着怎样也做不出的理综题，一边憧憬着诗和远方。我就那样静静地看着你，看着凉风穿过发梢滑进你的耳朵，看着你微微凌乱的刘海儿，也看到你眼睛里那一片我到不了的深海。

6月8日下午5点整，高考结束，人声鼎沸，你上前给了我一个拥抱，在我耳边轻声说毕业快乐啊。当你松开我时，我下意识牢牢地抓住了你的手，你回过头，笑嘻嘻地说，别闹我还要去收拾东西呢。

你轻轻地抽开我的手，我中学时代所有的悲喜也就结束了。

记得你说过，想要什么就牢牢地抓住别让它跑。你到底是不是又忘了啊?

没关系,我会替你好好地记着的,我就是一个不折不扣的大傻瓜。

我们认识的那天中午我睡过头了,穿上鞋子没命地往教室跑,最后还是给凶巴巴的班主任拎到走廊罚站。我正懊悔着睡得太死,身旁传来你懒洋洋的声音:"同学能不能往左边挪一点儿,靠得太近很热啊!"

那一刻蝉声聒噪,书声琅琅,你有着全世界最好看的侧脸。因为有你,存放在我记忆里的这个午后仿佛被打上了柔光,连一脸铁青的班主任也变得温柔无比。

故事说到这儿,我才发现这么多年了,当初在我心里破土抽芽的情愫今已亭亭如盖矣。

某编说感情不过是前人栽树后人乘凉,所以我对你的喜欢也只能给到这儿了吧。

我知道这个世界没有如果,你已经和我唠叨过很多遍了。

只是如果时光可以拨回到那年夏天,重返我们刚刚认识的16岁,我想大声告诉你:

我喜欢你。

很喜欢,很喜欢。

亲爱的穿山甲,我会记得那些年的我和你,像极了高三时细数过星星的夜空,美得像一个遗憾。往后的年年岁岁里,不管是喜是悲,请你一定记得吃好穿好睡好。

才不枉费我喜欢了你这么多年。

穿山乙

于某个失眠的长夜里

把童年画成画挂在春节

夏南年

1. 那些小时光求你别忘了

早上起得有些迟，近十日的睡眠不足让我在温柔干净的日光里辗转于棉被，随手拿过手机刷微博提神，一眼就看到六小龄童的名字，他的笑容几乎占据了全部屏幕，看完新闻，一时间百感交集。

如果不是六小龄童的事儿，我连今年是猴年都不知道。我跟妈妈说："猴年春晚怎么可以没有六小龄童，今年哪个台有他我就看哪个台。"我妈一点儿也不在乎说这句话时我内心有多汹涌的感情在翻山越岭："我看你哪个台都别看最好，赶紧看看文化课。"

我不理她，翻着六小龄童的微博继续刷屏，还顺手打开爱奇艺下载起了《西游记》，思绪在一点点蔓延。

小时候最喜欢看每一集的片头，听那种像花炮发射上天空的声音，然后孙悟空连翻几个筋斗腾云驾雾，扛着金箍棒一手遮在额前，活灵活现的模样我一看就兴奋得跳起来。当时的欢喜在此刻变成了细微的难过，有一种看到心爱的旧物忍不住想落泪的感觉。

我不知道"95后"的童年是不是都像我的一样，我的童年不像网上流传的画面，小画书、游戏机和冰袋，我从没见过那些东西，90末尾的我被夹在旧东西和新事物之间，小时候的年和寒暑假的电视剧几乎成了最有价值的纪念。

可是蓦地看到六小龄童五十七岁高龄的模样，才惊觉那段被几部电视剧和几段温柔包裹了的时光，正在日复一日的繁重工作里渐行渐远。我是个怀旧的人，怀旧到这几年的春节总是想哭。对小时候的怀恋情绪如同汁水饱满的甜橙，轻轻一碰便满心酸甜。

2004年和2005年的春节，我大吃亲戚做的豆瓣酱到肚子疼，满大街唱"你是风儿我是沙"和"西湖美景六月天"，有小情侣跟着我一起唱，只是没人知道我一直以为歌词是"你是风儿我是啥？"并且为此纠结了许久。

2006年和2007年的春节，我跟着妈妈买回一大堆烟花爆竹，那时候家没有搬到新城区，老房子下是批发市场，年味儿足得让我每天醒来满眼都是红红火火的气息。

2008年和2009年的春节，和那时候看起来还没有现在这么讨厌、还不是学霸的哥哥在奶奶家的二楼过道放鞭炮，点完火才看到有人经过，吓得把炮扔在脚边一口气蹿上好几层楼，听到"嘭"的巨响笑得蹲在地上……

好多时候我们以为自己忘记了童年，可是回忆的阀门一打开，那些满面尘埃和委屈的过往仍旧争先恐后地跑出来，心甘情愿为我们唱干净热闹的歌。时光你慢些走，那些小时光求你别让我忘了。

2. 假期必播电视剧

前几年，一到寒暑假就有人发段子，可是从我高中时开始，段子突然翻转，CCTV没有放《西游记》！四川卫视没有放《新白娘子传奇》！少儿频道没有放《家有儿女》！安徽卫视没有放《放羊的星星》！这还是放假吗？！

所有的有都变成了没有，之后的一年连纪念这些电视剧的话也消失得无影无踪，它们好像只是生命中的站牌，过了这一站，便被遗忘得干干净净。

我多希望它们能像宫崎骏笔下的大猫车那样永垂不朽，印刻在我们的记忆中，可是从爱奇艺上找到的高清电视剧，现在看起来仍旧模糊，看一段时间就累得不行。

网络电视出现后，对那些节目和电视剧便少了一份期待，小时候偶尔被允许看一期《快乐大本营》，因为它和节目一样长的广告急得跳脚的时光不复存在，等它播完再看，遇到广告往后移三格便完整跳过，早已没有了当初那份焦急和期盼。

我是个挺没有童年的孩子，没经历过在地里择野菜、下河摸鱼捉泥鳅的日子，也没像同学那样大人不在家的长长假期能跑出去疯玩。我妈是小学老师，我放假的时候她一定在家。不准我看电视看小说，唯一能看的只有《西游记》。

我口齿伶俐抱着遥控器跟我妈据理力争："这可是四大名著，必须要看的。"

长大后看《西游记》总是记不住到底看了什么，叫不出妖怪的名字喊不出他们走到了哪个国，只有小时候的印象最深刻。

那时候看《西游记》是我假期里唯一的乐趣，却总是有十万个为什么在脑海中围绕，比如盘丝洞的女妖精一点儿都不好看，浓妆艳抹的样子为什么妈妈总觉得好看；唐僧太气人，不明事理因为孙悟空杀了妖怪念紧箍咒，为什么孙悟空那么有本事还要求唐僧不要把自己赶走……

后来《家有儿女》风靡了好多年，妈妈也觉得有意思，我才被允许每天午饭时看，嘻嘻哈哈笑得肚子疼。再后来呢？学会了在电视机后放一块凉毛巾，家里没有大人在的时候偷看《放羊的星星》，忍不住花痴地跟爸爸说"林志颖好帅哦"，却换来一句："他都老头子了吧。"

我知道的，童年的电视剧后来都有了无数个替代品，《大话西游》颠覆了《西游记》原本的样子，偶像剧搞笑剧有了无数，当年演《家有儿女》的杨紫张一山都长大变了模样，电视上再也没有了《家有

119

今已亭亭如盖矣

儿女》……

可是无论我们见到了怎样千姿百态的丰富世界，回荡在耳边的欢闹和眼泪永远都属于童年。后来看什么都可以百度一下，但看完不久脑海中便再也搜索不到，唯独小时候看过的影片动画像一首平实淳朴的乡间小调，像冬天的糯米秋天的青团，百吃不厌。

3．过年的规章

看《小门神》的时候，耳边充斥着小孩子稚嫩的笑声，一个人躲在3D镜片后面哭成了泪人。

天界下令，如果凡间贴门神的人变为零，郁垒和神荼两个门神就要下岗，而凡间，只有那家孩子都不愿意去吃的百年老店挂着一幅旧门神。

我从网上买了两个小猴子的新年贴纸，我妈不耐烦地说："你怎么还有时间买这些。"我想我是害怕，怕今年家里没有一丝过年的味道。我记得去年初一，我爸第一次没有在窗边将鞭炮点响。

回忆在一瞬间纷至沓来。

小时候为了过年看春晚到十二点，总会提前两天开始补充睡眠。一直到年三十上午十点多，才穿着一身红棉袄去姥姥家。

大人在屋里噼里啪啦地炒菜，不大的屋子挤满了家人，深冬里也一样穿着线衣便热烘烘的。我和姐姐没有手机没有MP4，一样高高兴兴在门上用小抽屉里找来的破蜡笔画大大丑丑的寿桃，不知道写什么，就一句"福如东海，寿比南山"，好像家里有人在过大寿。

我们也会叠一大堆爱心千纸鹤和五角星，那时我们莫名地笃定，叠满一百个姥姥就一定会长命百岁，我们还会抢开心果，那时候的开心果是真的用来开心的，你不高兴我就给你一粒开心果，把我的快乐分给你一点点。

不知道玩了多久，桌子上就摆满了佳肴，我在桌边抢平日里大爱，妈妈却不准我喝的雪碧可乐。那时候没有RIO，啤酒只有生涩的味道，偶然试了一下红酒，劣质葡萄的味道让我瞬间吐了出来，从此落下了一个无论如何不愿意碰一切红色酒类的习惯。

等大人都到齐，饭桌就变成了我的竞技场。我妈不准我吃的牛肉片啊，各种各样煎炸的肉串儿啊，我要一边没出息地从众多人之间脱颖而出多抢几个，还要时刻保护它们不被一旁的妈妈从盘子里抢走，一顿饭像打仗，没有枪林弹雨却满头大汗，尖叫声笑声和闹声此起彼伏。

对了，还有烧鸡的鸡心和腰子，几个小辈擦亮了眼睛一起抢，我属于比较笨的，经常哭丧着脸坐在一边等大人插手从哪个哥哥姐姐那儿夹一个给我才破涕为笑。那时候，好像抢到了一个鸡心就像坐拥了整个世界，长大后的我，再也理解不了这一点。

大人就是应该理解小孩子，因为他们当过小孩子，可是不久前在饭桌上，无意中夹到一颗鸡心，放在嘴中的一瞬间又吐了出来，想想鸡乱飞乱跳的样子，一盘菜变得难以下咽。

小时候的年一定有鸡鸭鱼肉，小孩子吃得津津有味，他们的佛是自己，他们吃肉，但也只想让别人快乐，只给别人自己心爱的花。

一切的一切，原本都是过年的规章。

除夕下午五点钟，三大爷在屋里做糖醋排骨，我和哥哥溜下楼买鞭炮。

我特别羡慕他可以把压岁钱留在身边，可以大方地用五十元的"巨款"买很多花炮，顺带着也买下了我们目光所能及的一片漂亮的天。

只是哥哥胆子比我还小，三角烟花放在地上，爸爸和五叔逗他，他一边嘴硬自己敢，一边往后退，我躲在一旁哈哈大笑。烟花漫天里，我从未想过，未来有一日春节，只剩短短的爆竹和一顿除夕的饭。

我以为这篇文字只是回忆和恬念，没想到写到这里鼻子发酸，第一次在写字时落下温柔的泪来。

小时候奶奶家的除夕饭，桌子永远不够大家坐在一起，一二十个人，一波吃完一波再上。奶奶的四喜丸子是星星，一大盆八宝粥是大月亮，一家人挤坐一堂，星月相辉鞭炮声响，爸爸和大爷叔叔杯筹相碰、笑语满堂，这样才叫团圆，团圆才是过春节。

后来家里人以学业繁重、工作忙等各种各样的借口不再回来，一桌挤挤竟也能坐满所有人。我坐在桌前就有些难过，觉得不是每年都有一顿除夕饭就可以不珍惜，年年岁岁花相似，岁岁年年人不同，天下哪有不散的宴席，不来就真的少了一次欢聚的机会。

不记得从哪年开始，电视装了宽带。吃完饭想说到几点是几点，再漫步回家，一个回放键就能沾沾自喜："看，迟看一会儿，之后的歌舞节目还能跳过去呢。"我知道大部分同学早已经不看春晚，但我还是想大大方方地守着电视倒计时。

在我心里，春晚也是新年的规章。

你说为什么从小到大我们定了无数个规章，女生不能披肩发进中学，学生不能逃课……过年的规章却在一点点淡化，鞭炮日渐稀少，年味儿被放假的兴奋取代？

前年的除夕，远在平遥的一个妹妹给我语音发来爆竹的清响，如同天籁。我没有夸张，他们村子的爆竹声好像带我回到了多年以前，年画儿一张张，年夜饭一碗碗，还有鞭炮一串串。

我喜欢老字号老招牌的店，喜欢周正的红色，它们都有除夕的气息。我想要的东西很多很多，今年的除夕，我却只想过一个安安稳稳、红色满堂的热闹年，如果不行，就请回忆替我画张画吧。

把童年画成画，挂在春节，让我别忘了过去就好。

无中生有之仓鼠相亲记

绸 缪

相爱，是要在对的时间里遇见对的鼠。

——想促成美好姻缘的某缪举牌。

"缪，过年我回老家，五花放你那儿住几天好吗？"英语课上唐胖胖凑过来问我。

"给我个理由。"

"奶奶家有猫。"

"好，什么时候？"

"腊月二十七送过来，正月初七接回去。"

"好。"我像狼外婆一样和蔼可亲地顺顺唐胖胖的齐肩卷毛，在她看不见的角度露出兴奋而阴险的笑容。

嘿嘿嘿嘿，陈二黑，你媳妇到手啦！

一、请叫我取名小天使

唐胖胖这个绰号三百六十度无死角地展现了我身为文科生的高尚文学素养。正如英文中的"chubby"与"fat"，前者完美描绘出唐胖胖脸颊上因营养过剩而出现的婴儿肥，后者则只会让人想起某笔记中腰间三个游泳圈的板寸儿头胖子。

对于此名号唐胖胖安然受之。但当我提出要给她家小公主取名时，她的反应尤为激烈：

"你走开！"

"就叫唐五花怎么样？"

"走开！我家小公主才不要有像你家糙汉一样的名字。"

"哪里糙了！"我叫屈道，"分明是贵族的level好吧！"

"走开！"

"胖胖你看，我仔细考虑过古代贵族的生活习俗。我家有陈大毛、陈二黑，我前桌有徐三绷，现在国牌麻将三缺一，你家小公主叫唐五花，美美的一溜数字，不好吗？"

"分明是五花肉好吗！"唐胖胖留给我一个笑哭的脸，然后残忍地告诉我，她家的仓鼠小公主名字早就取好了，名叫唐暧违。

我一本正经地研究着唐五花的名字："分开我都认识，为什么拼起来就不认识了？"

"因为你傻。"唐胖胖一本正经地黑我。

世上无难事，只怕有心人。在我第五十八次有意无意提及五花小公主时，唐胖胖开始觉得"五花"这个名字叫起来很方便。因为她每介绍一次她的小公主还要顺便解释名字的由来，最后别人还是一脸懵地用"你家老鼠"来称呼小公主，说得她口干舌燥，身心俱疲。

英语课上，唐胖胖举了白旗："缪，就叫唐五花吧。"

哈哈哈哈不用谢，请叫我取名小天使。

二、不是梁祝而是孔雀东南飞

唐胖胖一直都很清楚我在为我家俩汉子发愁：都一岁多了怎么还不成家！

我蹲在鼠窝前，看向毛大爷又看向黑二爷。毛大爷蹲在食盆里屁股朝我高撅着，呼噜噜吃得正欢；黑二爷立起来呆萌地望了我一眼，随后呼啦啦去跑圈儿。

毛大爷是受过情伤的汉子。当年得知他的未婚妻——好友家的布丁小姐惨死于"地沟鼠"口下，我曾忧伤地替毛大爷流了两滴泪，又给它添了两把粮。从此毛大爷化悲伤为食欲，体型横向发展，最终上演了真鼠版"chubby"变"fat"。

因此我替毛大爷向五花小公主提了亲。聘礼是一条油炸面包虫。五花小公主啊呜一口咬掉，唐胖胖欣然答应。

眼看这对新鼠即将成就一段佳话，然而过度肥硕的毛大爷罹患上糖尿病，在夏秋换季之际因一场急性肺炎一命呜呼。

我的忧伤随着眼泪逆流成河，这门亲事随着河水成为过去。

但家里还有一只默默刷存在感、一到晚上就与黑夜融为一体的黑二爷。陈二黑这绰号听起来霸气十足，它刚刚到我家时却是一只拥有一双杏眼的萌萌哒小正太（虽然妈妈第一眼见它误以为是老鼠差点儿一脚踩死），跑圈时跑着跑着就被掀飞了，以及会蠢萌的装死神技。

正当我以为离陈二黑的成鼠礼还有很久时，在一个槐花香幽幽的日子里，二黑小正太开始随地大小便了！

喂！你跟毛大爷学的定点尿尿怎么忘了！

突然狂躁起来的陈二黑让我意识到：二黑小正太思春了。

喂！现在快入冬了你思春做什么！我这个敬业的铲屎官也很狂躁。

怎么办？

道法自然，无为而治。老子在书上对我笑。

因此我替黑二爷向五花小公主提了亲，聘礼是一只白里透红的水煮小河虾。五花小公主"啪"的一爪打掉了虾仁，唐胖胖摇头拒绝。

我哭丧着脸问道："为什么？"

因为唐五花不喜欢。"唐胖胖眸光闪烁。"

"说重点。"我拍拍唐胖胖肉嘟嘟的脸威胁她。

"……你家的太黑了。"

"……就你家的白？"我气极。

"我家的是白，长大了一定是只美丽高贵的银狐。"胖胖满脸幸福。

"你这是在搞种族歧视！你咋就不嫌弃大毛黄了呢！"

"不是你说布丁和银狐的后代是鼠中贵族金狐嘛。"唐胖胖一脸懵。

……来人！给我张A4大白纸我要切腹。

三、天下有情鼠必被 couple

"你前桌不是有只徐三绷吗？"唐胖胖好心提议道。

"那只几天前越狱去做地下道道长了。"

"上次养了陈大毛未婚妻的那位不是又养了一只吗？"

"那只是熊，二黑是侏儒。跨种族的爱恋是不可能的，别想了。"我低头作负四十五度明媚忧伤状，一边拿余光偷偷看着唐胖胖的表情。

她的目光中盛满了安慰，嘴唇微动，婴儿肥颤抖着，最终没有吐出一个字。

嘿，有戏。我在心里乐开了花。

人算不如天算。我等到树叶落尽、家家飘起腊肉香时，唐胖胖回老家了。当我郑重地从她手中接过装有唐五花的小盒子时，胖胖爸爸站在一旁吐了个神槽："你们这么认真让我觉得你们在交接骨灰盒。"

呵呵呵，叔叔这个槽点有点儿冷啊……

回家后妈妈打量着小盒子问我："在里面呐？"

"嗯。"

"咋看不见呐？"

"太白了，与棉花融为一体了。"我默默掀开盒盖，心里想着黑二爷，这是绝配啊。

我捧起黑二爷，问他："黑黑，我给你娶了个媳妇，好不？"

二黑答："吱。"

于是我高举唐五花小公主送到陈二黑面前。黑二爷友好地闻了闻唐五花，转头钻进小窝里睡觉。唐五花挠了挠陈二黑，闹腾一会儿也挤进去睡觉。两团毛茸茸挤在一起，黑的大只是二爷，白的小只是公主。我看得满心欢喜，手痒拍下这有爱的一幕发给唐胖胖。

唐胖胖秒回一张震惊脸，用血红的大字质问我："你在干什么？"

我笑眯眯："拍结婚照。"

"你……"想必唐胖胖在老家那头气得速减六十斤，半晌她平静下来轻飘飘回复我："一树梨花压海棠。"

……混蛋！二黑哪里老了！Wuli二黑是懂礼貌会定点尿尿的小绅士好吧！

唐胖胖再接再厉："传宗接代的任务就靠你了哦，二黑老太爷……"

"好嘛，二爷进化成了老太爷。这么萌点十足的一对couple给你污成了重口味。污神今天没喝洗衣粉。"我搬了个小凳蹲在鼠窝边，写作业盯cp看春晚还得腾出手来与唐胖胖"互水"。

"想couple就couple，你问过它们的意见了吗？"自由恋爱主义者唐胖胖表示强烈谴责。

"不相亲它们一辈子就打光棍了。仓鼠是独居生物好吗。"

我使出毕生口才对唐胖胖进行仓鼠式包办婚姻洗脑，胖胖静默了很久，大概是被我的打字速度惊到，插不上话。

网络那头坐标老家的新晋水神唐胖胖终于赶在新年钟声敲响之际发来一段视频，鼠标点开一看：哎呀，鸡窝一样的发型什么时候长成贞子了？

烟花下的唐胖胖半张脸隐藏在杀马特刘海儿中，我努力从渣像素中辨认她的口型：我……答应……嫁给你了。

……什么鬼？

我定了定心神，发过去一行字：今生只有负了你，来生我去做汉子。

"亲爱的你想多了，我只是同意五花嫁给二黑。"

呜呜呜呜，二黑啊，丈母娘终于认可你了……

我兴奋地把黑二爷，不，是二黑老太爷从温柔乡里拉起来，乐得捧着它直转圈。

二黑答："吱。"

煎 饼 果 子

林淳一

高三毕业后有大把大把的时间闲逛，昨儿个在家里待得实在无聊，就出了门，街上虽然嘈杂却不让我寂寞。

我是在超市门口看到了他——卖煎饼果子的摊主，推着一辆老旧的三轮车，和我七八年前买他煎饼时的车子一模一样，只是人更老了。两鬓全白，其余的非要用颜色来形容就是灰色，这是一种比白色更能衬得人年老的颜色，大概是长时间没有理发，就更显得沧桑。

还是小学的时候，不想吃晚饭，就缠着爷爷一起去买煎饼果子，来的就是这家。先摊上面饼，再打上一个黄灿灿的鸡蛋，还有葱花、榨菜、蘸酱……香气飘了两条街。把煎饼给我的时候这人不要我爷爷给的钱，两块钱推来推去爷爷还是坚持给了他。

回来的路上我问爷爷："他为什么不要你的钱？"

"他是咱们村里人。"

"那他为什么不要你的钱？"

"爷爷借给过他几千块钱。"

"那他为什么不要你的钱？"

"他还没有还钱。"

那时的我只顾吃香香的煎饼，哪管得了这么多。只是后来长大一点儿回到村里，又看到了那个人才想起了大人们说的话。大概说他把挣的钱都赌输了，还欠了一笔外债。爷爷心好从来不催他还钱，奶奶说，你看看你，多说一句话钱不就回来了吗。爷爷说人家在盖房子，怎么能要，然后就蹲在一边抽烟，不说话。后来有人说他不赌了，打算好好经营煎饼摊挣钱了，但听奶奶说他媳妇离家出走了。我不知道后来到底怎么样了，反正放学回来还会看到他给别人摊煎饼。

有次我去买，他大概是认出了我，坚持不要我的钱，我不知道怎么办才好只能把钱拿回家，告诉爷爷这件事。爷爷摇摇头，没有说话。晚一点儿的时候走到我的房间说："以后不能这样了啊。"

那是几千块钱还是很值钱的时候，家里有一段时间发生经济危机，大家都催着爷爷把这几年借的外债要回来，却不见爷爷去催。那天我缠着爷爷讲讲他年轻时候的故事，他就讲他上班时候的一件事。

那时候我家在农村，爷爷在城里上班，每到周五总要搭车回家，那次都快晚上十点了却怎么也等不到车了。爷爷想着职工宿舍的大门都关了，再等不到车就只能睡在大街上了，这时来了一个年轻人，骑一辆摩托车，他是那个夜里第一个问爷爷去哪儿并且载上爷爷回家的人……

爷爷是村里不多的上班的人，后来这小伙子来借钱，说想买一辆三轮车做生意，爷爷爽快地借了钱给他。爷爷说他当时还和奶奶说："这小伙人好，一定可以的。"

只是没人想到他在城里卖煎饼挣了钱没有还钱就拿去了赌博，过上了还债的生活。爷爷总是说要不是他借钱给小伙子也不会这样，可是爷爷又有什么错呢？

再后来有人说他的媳妇又同意复婚了，他也改了以前的毛病了。我不知道他后来过得怎么样，只是如今走过他冷清的煎饼摊儿，有一种莫名的失落之感，我说不出来，也不想说。但愿他今后过一种安稳的生活吧。

精神病人暗恋史

苏小天

有一句话说：物以类聚，人以群分，精神病人按坨算。

在七小这一坨精神病人中，主任宋小伊的疯算是特立独行。我不得不说，我活这一辈子，应该看不到（也不想再看到）比她更胆大兼疯的女子。

相信大家都听过歌德的一句至理名言吧——哪朵情窦不会开。于是，我们的"男猪脚"就要出场了。

"男猪脚"，代号BQ，身高不详，体重不详，三围不详。居于二班（七小精神病院在一班），在充当了一年的路人甲后成功地扎寨在宋小伊的眼里。

从那以后，我就一直怀疑宋小伊平日里的骨灰级花痴白当了，三百度的眼镜片白戴了。

因为，作为BQ的小学同学，好歹认识6+3年了，我不觉得这货长得有那么一点点点的出众，身材较之小学也"圆润"了好多，他究竟是怎么入得花痴宋小伊的法眼的呢？

嗯，这是个千古未解之谜！

当我一脸严肃地向宋小伊阐述我的观点时，宋小伊也一脸严肃地啐了我一脸口水。

"那是你不懂得欣赏，OK?"

作为一名三百五十度的苦情眼镜族，三百五十度比三百度视清目明，所以我还是相信，是宋小伊自己瞎了眼。

话说回来，这只是一个宋小伊自己一厢情愿的低调爱情故事，通俗点儿来说就是暗恋。

作为宋小伊的死党，我对这段暗恋不看好，理由——哼！作为外貌协会的一员，当然是因为BQ那货实在看不出哪里好。

凡事都是有两面性的，有人反对就一定有人支持。宋小伊的后桌就是她强大的后盾，而他那癫狂的精神上的支持让我备感无力。

"作为21世纪的新新人类，你就应该冲到二班去，大拍一下他的桌子，然后对着他吼——我看你很讨人喜欢！"

且不说会不会把人家吓着，万一人家说"关我啥事"，看你怎么找条地缝塞下你那……身躯！

哦，忘了说明一下，这是一场暗恋未遂的单相思。

Why?

嗯，该从哪开始说呢？

嗯，就从我和沐小晴的悲惨遭遇说起吧。

自从宋小伊暗恋上BQ后，生活开始变得疯狂，整个人变得更神经了。

作为宋小伊的死党，我和沐小晴时常"被迫"与她一起蹚污水。

例如，如果在上学路上看到BQ在不远处优哉游哉地骑车，宋小伊会突然加速至其身后，尾随其行，而作为宋小伊的同行人沐小晴就必须与她同步，这时而加速，时而减速，既要防止撞到路人，又要忍受被对方发现时的尴尬，练就了沐小晴的体力和脸皮的厚度。

例如，每天中午天气正热时，我会被宋小伊拖到走廊上观察BQ来了没，没来还好，如果来了，那宋小伊就会拉着我狂奔下楼，等快接近BQ时又突然减速，制造楼梯巧遇，然后，还是尾随其上楼（太没出息了），再回到班级，嘴里一定还要念叨着"BQ今天好帅啊"之类。

又例如，宋小伊等着BQ上楼，看他出现在楼梯口，然后拐进班级，而且一定要抓着我挡在她前面，从我身后探出她那颗头，伴着痴痴的笑，然后心满意足地回教室。最可恨的是，BQ通常在上课前几分钟才姗姗来迟，所以我通常都是心惊肉跳地在那等，生怕出现的不是BQ而是凶神恶煞的老师。

再例如，沐小晴时不时被拽到后门陪宋小伊偷窥二班的某货，在放学路上跟踪却又总是在迷宫似的小巷里被甩丢，可怜沐小晴放学后得兜一大圈才能回家。

其实这些都不算什么！更疯狂的还在后面！

在另一位男同学的口中，宋小伊终于找到了BQ的家，然后便时不时地去"逛逛"。

这天，她带着沐小晴和林豆豆又去了BQ家附近转悠，因为身高这一硬伤问题，她不得已爬上了附近的墙，但她不知道她天天在这附近晃悠，附近的人差不多都认识她了吗？

So，这时一位老奶奶出现了，估计她也怀疑宋小伊天天在这晃悠，居心不良。便叫道："你是何方妖孽！"啊不，搞错台词了。只听老奶奶大喝一声："你们在干什么？"宋小伊一听，以从未见过的敏捷身手从墙上跳下来，其后还紧随着一块石头，只听"啪唧"一声。

哎呀，那个四分五裂，那叫一个惨啊！哦，我说的是石头，人倒是没事。

说时迟那时快，BQ的妈妈也闻声出来，于是，宋小伊华丽丽地紧张了，于是，宋小伊华丽丽地开溜了。留下了还愣在墙上的林豆豆和沐小晴独自接受众人疑惑眼神的洗礼。

好在这件事最后以沐小晴的"只是来找个同学"的谎言（其实也不算谎言，因为她们本来就是来找BQ的）中圆满结尾了，不然估计宋小伊这辈子都不敢再靠近BQ家方圆五百里，然后终日愁眉苦脸，以泪洗面，最后忧郁而去。

因为BQ回家会路过我家，所以有时候宋小伊也会来我家守株待兔。话说那日天气晴朗，万里无云，总之就是很热很闷的天气，宋小伊和沐小晴又来候着了。我们在附近的秋千上边聊边等，聊着聊着，宋小伊突然说："BQ竟然拒绝添加好友！"苏小水说："我小学有加他，还没删。"（宋小伊：羡慕嫉妒恨啊！）沐小晴又突然说："要不，我们跟他说我们班有人喜欢他，看看他什么反应。"于是，一只姓冲名动的小怪兽将我们打倒了。

来看看过程。

苏小水："我同学喜欢你，让我来打探消息。"

BQ："？"

苏小水："真的！"

苏小水："你开心吗？"

苏小水："竟然有人喜欢你！！"

苏小水："你高兴过头了无言以对？"

BQ："没。"

苏小水："那为什么不回答？"

BQ："因为我是BQ的姐姐，他不在。"

……

因为种种迹象太过明显，处处表现出了宋小伊的意图，所以她很成功地让两个班级都知道了"宋小伊暗恋BQ"这么一回事，暗恋变明恋且是单相思，对方压根儿就没有回应。

哦，对了，还有一件事忘了提，就是宋小伊唯一一次和BQ有交集的浪漫场面，我暂且文艺地称之为"邂逅百合花事件"。

事情是这样的：BQ与宋小伊回家路上有一小段是同路，然后到分岔路，各走一边。在BQ回家的这一边有一户人家，用花盆在阳台摆了一圈的百合。

花开时节，宋小伊时常会拐过来看一眼，再回家。

这天下了晚自习，宋小伊又来看看百合花，但可惜只有一颗颗花骨朵随微风轻轻摆动。宋小伊有点儿失望地调转车头要回家了。抬头，蓦然发现，BQ从不远处缓缓骑来。

这一刻，宋小伊心中的百合花开了。

仿佛路边的街灯和隐约从房屋窗户透出来的光都熄灭了，只有淡淡的月光打在宋小伊和BQ身上。

当然，如果BQ不是径直骑过去，画面会更好。

然后，BQ走了。

然后，就没有然后了。

芥　子

鹿　眠

1. 火车站里的男孩儿

火车又晚点了，同行的小伙伴百无聊赖地玩手机游戏，我眼睛盯久了，有些疼，便收起手机四处打量。

那个男孩儿太引人注目了，瘦但精干的身子陷进大大的行李包中，白T恤和牛仔裤都有些年头了，裤脚上还沾着污物。黝黑的脸看起来不过十七八岁的样子，却写满了风霜，那双半睁的眼里是难以察觉的疲惫。我注意到他时，他正在和旁边的大叔一同吃泡面。他贪婪地嚼着面，似乎眼前的食物是难得的佳肴。大叔用方言和他零碎地聊着天儿。

"这次是不是还去之前那个厂啰？"

"不了，去深圳那边，工钱高。"

"读到高中了没？"

"读到高二，不读了，高三开销大，给妹妹读……"

……

我深叹一口气，掏出手机解锁又关上，如此反复，不知道该干些什么。当我再次抬头看向那个男孩儿的时候，候车室里机械的女声广播响起。他提起行李，起身往验票口走去，大大的行李包压在他的身上，走起路来，肩膀一高一低。他快步地走着，像是拼尽全力跳龙门的鲤鱼，背影很快便湮没在人海里，不知所终。

广西的大山连绵不绝，阻碍了山里居民的经济来源，那里有很多辍学出来打工的孩子，他们被现实逼迫着独自一人去很远的地方赚钱赚未来。

那个男孩儿瘦弱的背影深深地印在我的脑海里。

我不知道他未来会经历什么，只希望那座叫深圳的城市可以温柔地待他。

2. 小区里的老奶奶

在我的印象里，老奶奶似乎一直一个人住。小学的时候放学回家，总要在她家楼下的草坪上晃荡几圈，然后就能听到老奶奶在阳台上呼唤："来！来！上奶奶家来！请你们吃东西喽！"

奶奶家里似乎有哆啦A梦的口袋，总能变出各种各样的食物，每次我们几个小朋友总是吃得饱饱的，而老奶奶也乐此不疲地邀请我们到她家去。

小学时的一个中秋节，大家到小区的楼顶赏月，每家每户的小桌子上都摆满了月饼、水果、瓜子……宽敞的楼顶热闹非凡，唯独天上的圆月显得无比孤单。

它才不孤单呢，角落里的老奶奶在和圆月作伴。

小区里的大人们帮奶奶搬了桌子凳子摆好月饼，道过祝福后各自与家人团聚去了。角落里的老奶奶坐在椅子上一动不动地望着月亮，月光轻轻地拥抱着她，帮她慢慢梳理齐耳的短发。

老奶奶望见我们，依然像平时那样招手喊我们过去。她把大大的月饼切成小块，一个孩子一块，递月饼给我们时，嘴里还念叨着："快去陪你爸妈喽！中秋是团圆节，要跟家人呆在一起！"一个年纪稍小的小朋友一脸疑惑："那奶奶你为什么不跟家人一起过中秋呢？"老奶奶不接话，低下头摆弄了一会儿果盘，默默地把果盘上的小橘子拿出来，又一个孩子分了一个，接着便督促我们赶紧回到父母身边去。

我们散去后，老奶奶又恢复了刚刚的姿态，静静地望着月亮，像公园里那尊孤独的雕像。

年复一年，小区里的一些老住户搬走，新住户入住。我也从小学生晋级为初中生，偶尔周五下午回家，依然会看到老奶奶像我小学时那样在阳台上招呼那些新住户的孩子上楼玩，而那些孩子的爸妈却一把抓过孩子，警惕地看着阳台上的老奶奶，然后告诉他们的孩子不要和陌生人说话。

后来老奶奶再也没有在阳台上招呼过小朋友，她总是一个人坐在椅子上，看夕阳一点一点沉下去。

高一的时候，听妈妈说，老奶奶的儿子终于来把老奶奶接走了。我疲于去听邻里间关于孝与不孝的讨论，我想至少奶奶应该是快乐的，她中秋的月饼终于可以分给家人了。

3. 早餐店里的小女孩儿

高考结束的6月，非毕业生还要上学，我总是被楼后的中学六点准时的起床铃吵醒，跟去上班的爸妈道别后，换掉睡衣去小区外的早餐店，解决温饱问题。

某天早上，当我半眯着睡眼吞下半笼蒸饺时，店里进来了一位奶奶和一个小女孩儿，小女孩儿好像是要去幼儿园，奶奶一手牵着小女孩儿，一手拎着一个粉红色的印着Hello Kitty的书包。奶奶给小女孩儿点了份蒸饺，她俩在我的邻桌坐下，小女孩儿咿伊呀呀地说着话，还给奶奶唱歌，稚嫩的童声荡漾在早餐店里，似乎能把早起上班族们的烦恼统统融化。

小女孩儿坐在凳子上，不安分地东张西望，突然她跳下凳子，向我跑过来，然后抓住我裙子的一角，一脸羡慕地奶声奶气道："姐姐，你的裙子真好看！等我爸过年回来，我也要让他给我买！"我还未反应过来，小女孩儿的奶奶已经冲到了我面前，她抓起小女孩儿的手故作凶狠地啪啪打了两下。奶奶责怪完小女孩儿后，低声向我道歉。她把小女孩儿拉回桌子，看着她吃完饺子。

趁着奶奶结账的间隙，小女孩儿又跑了过来，像是赌气似的："我爸爸今年过年一定会回来的！"她歪着头看了我几秒后赶紧跑回到奶奶身边，奶奶牵起她的手，一老一少两个背影慢慢走出了早餐店。小女孩儿头上的羊角辫一起一伏，像极了在风中跳舞的小花儿。

我来不及告诉小女孩儿，我相信她的爸爸过年一定会回来，他会带她去买很漂亮很漂亮的小裙子。

我还忘了告诉她，她是天底下最幸福的小女孩儿。

"须弥藏芥子，芥子纳须弥。"

路遥在《平凡的世界》里，有一段很经典的话："人们宁愿去关心一个蹩脚电影演员的吃喝拉撒和鸡毛蒜皮，而不愿去了解一个普通人波涛汹涌的内心。"

这个世上有许多平凡的小人物，他们忙于生计，苦于奔波，但他们中的绝大多数依然捧着希望高昂地行走在这世间，单凭这一点，他们就足够伟大。

愿这个世界的芥子们，都能平安，快乐，满怀希望，波涛汹涌地活着。

小虎和他的移动城堡

季义锋

1

夏天的时候小虎的窗口开了许多木棉花，他把脸埋进被子里都闻得见香味。最近他很少出门，因为他变成了一个微博红人。

就在今年暑假，小虎彻底地变成了一个网瘾少年，大多数时间他都是躺在床上跟电脑一起过的，他管他的床叫"城堡"，除去上厕所的时间，坚决不肯下来。于是乎小虎的妈妈给小虎添置了一台新的专业电脑，就用支架直接架在了小虎的城堡上。这原本也不是什么大不了的事，可是前来送货的快递员偏偏把这一幕拍了下来。

小虎看过那张微博上的照片，瘦小的他埋在一片黑暗里，对着一块巨大的屏幕，看起来就像是一个黑色城堡里的莹莹灯火。

对于现在的家长来说这可是绝对的奇闻，哪有这样支持孩子上网的家长呢?

照片从微博上传播开来，最后火爆了微信朋友圈，一时间小虎的妈妈给孩子买高配电脑打游戏的事儿在网上火爆了起来，时不时地有本地的媒体登门来要求采访，都被小虎的妈妈十分坚定地一口拒绝。

越是拒绝越显得神秘，有人说小虎的妈妈对儿子宠溺得毫无原则，但很快有人挖出了小虎妈妈的身份是一个工作十余年的班主任，于是大家又猜测小虎的妈妈是用什么特别的方法来教育孩子。

越来越多的人登门造访，小虎家里只能白天也严严实实地捂着窗帘。小虎瘫坐在床上，幽暗的电脑桌发着惨淡的光，窗帘紧紧地关着，如果不留神，根本看不出是白天。

他已经不记得自己有多少天没有下床了，似乎从回到家的那一刻开始他的屁股就在床上生根发芽。电脑里是游戏的声音，乒乒乓乓的打杀声和怪物们的叫喊声让小虎觉得满足，作业本零散地摊在床头，当然他从来没有翻开过，就连他最好的伙伴茉莉专门为他整理的笔记都被他丢在了一边。

似乎能让他觉得满足的只有游戏了，在那个虚拟的世界里，小虎冲锋陷阵，健步如飞地跑向一个又一个可怕的敌人，越过一个又一个高峰，他对此觉得骄傲极了。就在这个时候妈妈回来了，带着一个盒子。

妈妈小心翼翼地走到床边，拍了拍小虎的脑袋。

"宝贝儿，又在打游戏啊！"

"嗯！"

"放暑假以后茉莉都来找过你好几次了，你要不要出去走走？"

"等有时间的吧！"

小虎胡乱地点了点头，又投身到了虚拟世界的畅快中去。不一会儿妈妈放在小虎旁边一个纸壳箱子，转身关上了房门。小虎冷哼了一声，就在这个时候，箱子里传出了一声若有若无的叫声。

"什么东西？"

就在这个时候箱子开始剧烈地摇晃，一会儿向左，一会儿向右，叫声变得越来越急促，似乎迫不及待地想要钻出来似的。小虎腾出了一只手，掀开了箱子，从箱子里钻出了一只小黄狗的脑袋，看起来虎头虎脑的。厨房里传出了妈妈的声音。

"小虎，今天妈妈带回来一只小狗，它也叫小虎哦！"

"喊！"

小虎努努嘴，趁着游戏里复活的间隙一只手把狗狗从纸壳箱子里捞出来，这时候他才清楚地看到这条叫作小虎的狗狗左边的前腿从腿根处开始就消失得无影无踪，什么都没有。这居然是一只残疾的小狗！

这究竟是什么意思？

小虎随手砸了一只拖鞋到狗狗的脑袋上，恶狠狠地关掉电脑，把身子埋进了自己的被子里，盯着天花板发呆。

2

小虎觉得自己好像睡着了，也不知道究竟睡了多久，他感觉到自己好像沉入了深深的海底，自由自在地游着泳，他梦见自己进入到了电脑游戏当中，穿着华服的公主就在最上一层的铁笼里等待着他的拯救。

"醒醒！"

"醒醒！"

他似乎见到了公主在朝他说话，他拼命地想要走到公主的身边，可是周围却突然出现了一个大坑，等到他睁开眼睛的时候，发现床边他的好朋友茉莉忽闪着大眼睛在直勾勾地看着他。

"你来干什么？"

"我来写暑假作业啊！"

"哦！"

"你妈妈真酷，这就是那台上了报纸的电脑吗？"

茉莉凑到了小虎的跟前，小虎忍不住往旁边挪了挪，把脸别了过去。时间过了几天，似乎已经没有记者在蹲守着了，妈妈走进屋子里打开了窗户，屋子里一时间明亮得有些刺眼。

"快关上，太刺眼了！"

小虎的妈妈默默地把窗帘拉起来，屋子里再一次陷入黑暗。小虎打开电脑，才发现游戏里弹出了失败的页面，他这才又想起了那只狗。

"那只狗呢？"

"你说的是它吗？"

茉莉挥挥手，那只狗狗从角落里跟跟跄跄地钻出来，嘴里还叼着小虎砸过来的那只拖鞋，一步一摔倒地朝着小虎锲而不舍地奔过去。

"你看它很喜欢你呢！"

"今天是周末，我们带它出去玩吧！"

"不去！"

话说到这的时候小虎发现狗狗正在地上撒尿，小虎恶狠狠地瞪了脚下的狗一眼。茉莉不由自主地停了下来，空气中是凝滞的沉默。狗狗终于奔到了小虎面前，用嘴把拖鞋叼到了小虎的面前。小虎把拖鞋拿起来狠狠地甩到了狗狗的脸上，受了惊吓的狗狗踉踉跄跄地往远处跑了几步，躲到了墙角。

"怎么了？"

听到小虎妈妈的声音再次传来，茉莉慢吞吞地收拾好书包准备离开小虎家，若有所思地说："真的不一起出去吗？"

"不！"

"那你教我跟你一起打游戏吧！"

"你走开！"

小虎还没有反应过来的时候就发现自己已经吼出声来。茉莉的眼眶红红的，忽闪忽闪的大眼睛也不漂亮了。她抿着嘴唇默默地背上书包，走出了小虎的家门。小虎看着茉莉远去的背影，心里说不清楚是什么滋味，他关上电脑，盯着脚下调皮的小狗。那只小狗似乎并不觉得三条腿有什么异样，踉踉跄跄地在屋子里来回地踱步，似乎在巡视自己的新领地。

现在连茉莉也生他的气了，他大概就只剩下这只三条腿的狗了，想到这儿小虎又忍不住把脸埋进了黑暗里。

3

小虎感觉到自己的世界里一片寂静，又是一个晚上，他做了一个梦，梦见从前的自己在一片绿油油的草地上踢足球，伙伴们一起笑着，跳着，他一个大力射了一记漂亮的门，没想到就在这个时候他猛地磕到了床头，醒了。

他感觉到周围似乎有什么东西发出声音，循着声音找过去，发现那只三条腿的狗狗蜷缩在窗边，迎着月光用舌头舔舐着自己的断腿，似乎在发抖。

"小虎？"

"小虎！"

听到小虎的呼唤，狗狗似乎打了一个激灵，它挣扎着爬起来走到小虎的床边，怯生生地看着小虎。小虎抚摸着狗狗光洁的断腿。

这样巨大的创伤，对于狗狗来说，应该会很痛吧，它是如何断了这条腿的呢？

小虎一边抱着这只狗狗，一边默默地看着天上的星星。或许是看得太久了，他的觉得眼睛有些发酸，竟然好像是流泪了。怀里的狗狗挣扎着钻出来舔舔小虎的眼睛，他感觉眼角湿哒哒的，有种痒痒的感觉。

小虎一整晚都没有睡好，木棉花的香味时有时无地传了过来，一直到清晨，妈妈出门买菜的间隙，他才好像蒙眬地睡着了似的。不知道过了多久，他好像听到了咔嚓咔嚓的声音，狗狗在不停地狂叫着，小虎从睡梦中睁开了眼睛，发现面前居然有一个举着摄像机的人在对着他狂拍。

小虎一面捂着自己的脸，一面显得有些不知所措。面前的男子走到小虎的面前想要举起话筒，就被小虎的妈妈一把推开。

"你怎么能这么对一个孩子！"

小虎只听到妈妈有些歇斯底里的声音，原来小虎的妈妈早上出门买菜的时候居然忘记把门关上了。他刚刚又梦到自己踢足球了，说来真是觉得有点儿扫兴，如果早知道是这样就不让妈妈买一台新的电脑了。

小虎摸着身边的狗狗，身边的狗狗舔了舔他的手指，如果不是有这只狗狗在的话，他大概还要在梦里沉睡一会儿。解决了那个记者之后妈妈转过身来抱住小虎，小虎抱着狗狗，他感觉到自己的后背凉凉的。

妈妈又哭了。

小虎擦了擦妈妈脸上的眼泪，妈妈胡乱地抹了一把脸，替小虎把电脑插上电源。他看着蓝光显示屏的自己眼窝深陷，头发蓬乱，看起来就像是一个游戏里的怪物似的，他慢慢地掀开自己黑色的被子，他本来应该有着左腿的地方从膝盖处被整整齐齐地截去，只剩下空荡荡的裤管。

4

"妈妈，我想带着小虎出去遛遛！"

刚刚转过身来的小虎妈妈看到小虎居然站起身来，离开了床铺，惊讶得说不出话来了。小虎拿着那个已经蒙上了灰尘的拐杖，以一种滑稽的姿势慢慢地一步一步地和小虎一起朝着门外挪去。

"可能还有记者在门外呢！"

"我就告诉他们我有一个很伟大、很开明的妈妈，随便他们问！"

小虎发现自己不自觉地露出微笑，身后的狗狗因为要出去玩，快活地在小虎的身边转圈，一个不留神差点儿让小虎摔在了地上。

"一只三条腿的狗果然是很没用啊！"

小虎努努嘴巴，一副不屑的样子，妈妈笑着吹了个口哨，只见"小虎"以一种非常滑稽的姿势蹦蹦跳跳地跑到屋外，然后用嘴巴叼着一个袋子飞奔过来，那样子真的滑稽极了。逗得小虎笑得露出了虎牙。

"小虎"被遗弃之前其实是有家庭的，听送养中心的人说，原来这户人家的主人在车库倒车的时候轧到了自己的孩子，虽然这条小狗挡在了身前，可还是没有阻止悲剧的发生。这条为了保护小主人而失去一条腿的狗狗成了名犬，可是没过多久，就有人发现这条断了腿的小狗被遗弃在了一片废墟之中。

最后这条小狗被发现的时候已经瘦骨嶙峋，可是看到志愿者的时候狗狗仍然奋力地拖着一条断腿奔到了人的面前，甚至还舔了舔救援人员的手指。

狗狗很快就做了截肢手术，大概一个月以后，它就开始习惯了用三条腿蹦蹦跳跳地生活，没人肯领养它，所以直到被小虎的妈妈看到之前，它都只能呆在救援中心里跟志愿者们在一起。

但是这条狗狗一如既往地相信人类，和人类亲近，就好像一个快乐的傻瓜似的。只有小虎知道狗狗会在深夜舔着自己的伤口，幻想着那些曾经奔跑的日子。其实小虎至今不知道如何面对自己的残缺，有些事情他永远无法面对，他不知道为什么下个路口会有一辆横冲直撞的失控的大卡车朝放学的他们飞驰过来，他也不知道为什么自己会下意识地推开身边的伙伴茉莉。

很长的一段时间里他会一个接着一个地做梦，有时候他会梦到自己在学校的草地上踢足球，有时候他会梦到自己的腿还在。

可是这段时间里小心翼翼的茉莉在提醒着他失去了什么，想尽一切办法让他开心的妈妈在提醒着他失去了什么，小虎觉得自己似乎没有办法再开心起来了。但是自从他看到这条狗狗的时候，似乎才明白——

这个世界上，总有人跟他承受着一样的痛苦，而只有承受过这样的痛苦，才能真正地长大，成为一个男子汉。

5

小虎抱起狗狗一步步地走出房门，门前的木棉花开得特别好看，周围都是阳光晒过的暖洋洋的草地的味道，他趴在狗狗的耳边："小虎，有时候人类只是不知道如何面对而已！"

小虎说完这句话就把狗狗放下了，这只三条腿的狗狗跟跟跄跄地在草地里打滚。小虎知道要不了多久，他们就会换上新的假腿，那个时候整个世界都是他们的移动城堡。

我们相隔人山人海

　　世界辽阔，我们还可以去游山玩水，但一辈子都想住在合肥了。这里有我们的青春年少，有我们的欢笑和眼泪，有熟烂于心的乡井故道。

　　喜欢的作家说，谢谢你喜欢我陪了我这么久，即使我自私骄傲做作的时候，你都在。这句话，就是我们七年友情最好的缩影，等我们都老了的时候，我提着一兜橘子去看你，你一定还要神采奕奕，和我笑着谈天说地。

我们相隔人山人海

惟 念

天气阴沉的上午，我独自一人在家中，原本只是想找出某本旧书，收纳箱忽然倾斜，一沓信封翻滚出来。我随手捡起来看了眼邮戳，2008年4月20日。一瞬间，我愣住了，这串数字距今竟然过去了七年之久，横跨了小半个青春期。

接连地打开了其他的信封，里面是高中课堂上我们传过的纸条，你青涩的大头贴，还有你送我的香奈儿试用套装。急促潦草的字迹，故作老成的口气，在如今看来又好笑又可爱。

陷在怀旧情绪里的我，给你发了条语音消息，读了长信末尾的最后一句话给你听，两个人隔着重重山水笑得前仰后合。

"晓，我们都要为理想的大学努力喔！"

七年前，我们分别后你这样写道，那句话也的确鼓励了我很长一段时间。

七年后，我们再聊天，话题变成你是继续去英国读书还是回来工作，又或者最近忙吗，谈恋爱了吗。

成长就是这样悄无声息，甚至我还没有回过神儿来的时候，这一年又走到了最后一个月。国内已经进入了深冬，你现居的城市夏天才刚登场，距离我们上一次见面又即将过去一年，我真的好想你。

上个月的某晚，我赴朋友邀约去喝酒，狭小舒适的店面开在咱们高中校园的后面，沿途栽满了梧桐树，遮天蔽日绿意悠悠。我跟朋友说起曾深爱着这条路，因为爱捡叶子送给暗恋的男孩儿，也和彼时亲密无间的闺密在这条路上来回走过，共享了彼此的悄悄话。

两杯威士忌下肚，我的话变多，一个人自顾自地说起过往，到后来竟然哭了起来，如果你在的话，一定会指着我骂笨蛋，可真的只要按下后退键，退回到高中这一段，我的情绪就会逆反。

还记得那个2009年的国庆吗？我在深夜给你发短信，忐忑地问可不可以暂住你家中。母亲病重，亲人们要带着她回故乡疗养，那会儿我们在这个城市尚未买房，十七岁的姑娘一个人独居又太孤单危险。你问清缘由后，很快回复我说："没问题的，住多久都可以。"

甚至到此刻，我都能回忆起那晚的自己，无助彷徨又心酸，大概就是从那个时候起，觉得自己是多余的那一个，也是自那时起，你在我心中的位置噌噌向前，再没动摇过。

虽然最后我没搬去和你同住，我们的关系也因为别的误会跌至冰点，但真正感激又在乎的人，怎么舍得让她沦为路人甲乙丙丁。忘了是怎样和好的，但记得每个和你吃饭散步谈天的午后，记得我们年少时的忧愁，你有不能在一起的恋人，我有无法挽留的别离，我们的烦恼各不相同，但我们也是在彼此的陪伴下，一点点找回属于少女的开朗明媚。

这么说来，我们都是彼此的匠人，抚平了青春期留在对方身上的齿痕。

曾经最羡慕你，在大家埋头学习挤上高考这座独木桥的时候，你已经在着手准备出国的事宜。但忽略了你每天去新东方学雅思的疲惫，忘了你背单词的枯燥，甚至到南京读预科学校时，未曾想过你也是一个人了，既要保证学习成绩，又要照顾自己。

印象里有很长的一段时间，在晚自习下课后的夜里，我从公交车上下来后就能接到你的电话，你在那头跟我热烈地分享着精彩的新生活，我在这端为你的感情出谋划策。公交站到住处的那段路上，因为有了你的相伴，不再那么寒冷空旷。

我们见面的频率越来越少，从每天到每半年，两个人生活的差异已经显而易见，原先关系很好的玩伴，都因为这样那样的原因和你疏远，可我们俩的联系始终未断。

你飞机离境的那天，我大学里的军训刚拉开序幕，没有办法请假，只能趁着休息的空当，飞快地拨通你的电话。我没出息地说快哭了，你安慰我还会再见，9月的天空湛蓝透明，每一架飞机拖出的长长流云，都让我凝望很久。

除了那个逝去的挚爱，你是离我最远又最在乎的人啊。我们之间有了时差，有了相反季节，我们被命运的大手推着向前，无从反抗无法改变。

语言还不是那么熟练的你，怎么去租房？从小养尊处优的你，怎么去做饭？有新认识的朋友吗？独处时会因为想家大哭一场吗？

后来才发现这些担心都是多余的，瘦小的你顺利考到驾照买了车，学习的时候不遗余力，空闲时飞去各地度假。有了心心相印的恋人又分开，逐步明确职业生涯规划，一点点丰满着理想的支架。

我在国内的大学混着日子，叛逆期缓缓来迟，心性浮躁的我早早从学校走出去，在社会上被虐得体无完肤。

生活里的难题一浪高过一浪，它们像是怪兽，一级比一级强大，可我们打怪的能力也在升级。两个人的一路都跟跟跄跄，过程很痛苦结果还算甜美，至少我们没有囿于庸碌平凡的生活，仍向往着更高的领地，也在努力地去靠近。

流向相同的两股支流，才能各自蜿蜒后交汇，最终相逢于同一片大海。

倦鸟归巢迷途知返，2015年的秋天我终于又回到曾和你共居的城市。说不清它哪里好，但往日的灵魂又附体了，我的心不再空荡荡。

而你，我最亲爱的牵挂的你，月底前也要回国了。世界辽阔，我们还可以去游山玩水，但一辈子都想住在合肥了。这里有我们的青春年少，有我们的欢笑和眼泪，有熟烂于心的乡井故道。

喜欢的作家说，谢谢你喜欢我陪了我这么久，即使我自私骄傲做作的时候，你都在。这句话，就是我们七年友情最好的缩影，等我们都老了的时候，我提着一兜橘子去看你，你一定还要神采奕奕，和我笑着谈天说地。

悲 莫 悲 兮

二 笨

快踏出校门的时候我突然很想见一个人。

这个人陪我吃饭散步看电影，陪我抽风看书轧马路。用她的原话说，要不是性别不对，我们早在一起了。

可现在我就要哭唧唧地离开这座城市了，而她居然还安安静静地坐在教室里准备期末复习？这不科学！我掏出手机，按下那个烂熟于心的号码，在电话接通的一瞬间调整到最佳状态。

"喂？""我要走了啊。"对于爱好广播剧配音的我来说，想要开口变哭腔不费吹灰之力。

"所以呢？"某人似乎并不吃我这套。"所以我有东西要给你啊。"

"好吧，十分钟之后，学校超市旁边的ATM那里见。"某人一如既往地干脆利落。我有点"方"，慌慌张张地边走边在书包里翻找有没有什么能送人做纪念的。可惜直到到达目的地，也只找到一张公交卡是暂时不用带走的。

我突然觉得自己真是不作不死。

现在那个人在离我大约五十米远的位置，背着一个看起来很沉重的书包，靠在自助银行门口的栏杆上玩手机。

我走过去，十几厘米的身高差迫使我仰着头看她。我努力管理表情控制自己不要笑场，一字一顿地开口："我、要、走、了。"

她说，我知道。

"我要出去实习一年，再回来是明年的6月。"

她说："嗯，我知道啊，你说过了。"

"那时候你也出去实习了。"

嗯。

"然后我就毕业了。"

嗯。

"等你回来参加毕业典礼时，我已经离开安徽了。"

……嗯。

"所以我们再也不能见面了。不能一起吃饭看电影轧马路。不能一起去喝小吃街的奶茶。不能一起去逛对门的大学调戏人家的保安小哥。不能一起再去洛阳看墓室。不能一起干杯庆祝毕业。不能一起拍毕业照。以后无论你是开心还是难过，我统统都不知道也帮不上忙。然后我们慢慢疏远，然后我们都有了新的伙伴，然后……"我一向是个品行恶劣的人，数时间是我每次离开时撩哭妹子惯用的伎俩。可这一次，我突然觉得自己要说不下去了，停顿两秒后，我打算直接跳到最后一句，"从此之后，你生命里的每一个重要的时刻都不再有我。"

……嗯。

"你是开了自动回复了吗？"

"……你不是有东西要给我吗？"

我下意识地递上公交卡。她接过，随手翻到背面，一张我笑得见牙不见眼的证件照撞入眼帘。

……我发誓我不是故意忘记撕掉的。

"你傻啊？"她说，"本来我都做好心理准备了。可你这是干吗？让我以后每次坐公交、看电影、喝奶茶都想起你？"

我愕然。那一秒我突然很想哭，然后我就哭了，一下扑到她身上号啕大哭。

是啊我就是傻。

你看我这么蠢，以后如果再在大街上迷路了，那我要打给谁才会随叫随到？

你看我这么蠢，连爱好都和正常人不一样。如果哪天又犯病了心痒想去看文物，谁会一边抱怨一边陪我逛博物馆钻墓道？

你看我这么蠢，听到你骂我傻居然还很高兴。

你看我就是这么蠢，一直心心念念地说要撩哭你，最后撩哭的是我自己。

"我走了啊？"

嗯。

——这周末我去北京看你。吃住你包。

——车票很贵啊……

——所以我一个月没吃晚饭，就等着去北京吃穷你。烤鸭和欢乐谷。约不约？

——约！

火车站。我蹲在出站口对面的花坛上望眼欲穿。不知何时，拥挤的人潮里，一个背着看起来很沉重的书包的高个儿妹子，正逆着光，一步一步向我走来……

为什么我又来了北京

小太爷

这次要说的是，我和老董——两个土鳖进城的心理历程。

老董是我下铺，长得贼高。我俩这次能来也是因为老董的大舅在北京给我俩提供了住的地方。去的第一天我们就和老董的大舅——也就是丰神俊朗老段（现在虽然黑了点儿，但还能看出来年轻的时候是个很帅的小伙子）、和善的大舅妈以及他们的闺女（大概四岁的小段）顺利接头。

而当天晚上就发生了让我和老董大开眼界的事情。

我们住的这个地方附近有个大超市，但佟土鳖和董土鳖只听说过家乐福啥的，所以一开始也没对这个超市留下啥特别深的印象。简单进去溜达一圈儿——"这地方，连个花露水都不卖。"

"那你去四楼啊。"舅妈微微一笑。

四楼？我和老董一脸懵地上了四楼，才知道——呵呵，这一整栋楼都是这个超市的。我俩出来都没带钱，但在小段的要求下，我们还是和舅妈一起进了大超市。

"老董你看这个是啥牌子？"

"明治。"

我站在酸奶柜台前面，头一次感觉到人生的荒凉。

我转过头，眼含热泪，手指明治："老董，我都是一个十八岁的少女了，可是我还没喝过明治的酸奶。如果我没记错的话，这个牌子，四年前，也就是我十四岁的那年，我是听说过的。"

听说过没见过，明治的酸奶还有冰棍儿。

我和老董小步跟在舅妈的背后，一边颠儿颠儿地跟着，一边儿悄悄记住要吃啥要买啥，总之是画面感十分强。我俩就像是两个十分优秀的侦察员，手握无形的钢枪，身后是我们渐渐在土崩瓦解的池塘（都说了是土鳖）。

"哇唔，雀巢的冰激凌十块钱噢。"

"哇唔，那是什么奇怪的调料？"

……

"哇唔，你看那是啥？"我为了配合自己的侦察员身份，捏着嗓子，反手一指。

老董瞬间会意："可能是，荔枝吧。"

舅妈机敏地听到了。

我们俩老脸通红。

第二天我跟老董真正领悟到了首都的热情。

我和老董作为寝室最浪的两个人，总是担任我寝好吃的东西的开发先锋军。来到首都，我们不能改变这良好的传统，要坚决把优秀的作风发扬到底。

我俩开发了一家开在地铁口的连牌子都没挂的海鲜自助。

之前走进了一个海鲜自助火锅，一问，每位二百六十八元，我俩在反复确认了确实是没有凭学生证优惠之后，头也不回地跑出去。怀着沉重的心情，我俩走到了这家，因为这家便宜得吓人（至少跟之前那家比），所以并没有对他家的菜有什么特别的想法。

看到随便夹的鸭肠黄喉百叶牛骨髓的时候，我稍有吃惊；看到整听的可乐雪碧之后，我略显惊讶；发现这家很好吃之后，我跟老董老泪纵横，觉得这是来着了。

吃罢，我随手端了两个小蛋糕。

这次的北京旅程才刚刚开始，然而对北京这个地方的印象却是越来越好。这里有雾霾，有拥挤的交通，有众多的人口，有高昂的房价，有诸多的不方便，但这里也有记载着历史的古建，有做出决策的最高政府机关，也有一群群充满梦想的年轻人。

开埠的上海唱着"你是个不夜城"的时候，北京还像一个戴着瓜皮帽子的老学究，埋首浩繁的卷帙，听不见窗外的车船汽笛，而如今它却已拥有这样独特的气质，让人愿意排除万难，留在这里。

这是一座忙碌的城市，也是一座活着的城市。

终于，我还是被北京丰富的物质生活打动了，今天的我终于也可以说出一句"我爱北京"了。

食 记

傅 钧

对于吃，很多人都喜欢叫自己为吃货来表达自己对食物的最高敬意。但我觉得现在的人太随便了，就喜欢往自己身上贴标签，知道吗什么都吃的以前叫作饭桶。然而面对一道菜，脑子里先呈现出的是食材的来源，中间的做法，调味料的用法用量。这种对于美食的爱才是吃货的灵魂。在川师大食堂，每个人都是吃货。

刚来川师大的时候我是这么跟家人朋友解释我的日常饮食的："在福建，每个主妇妈妈都会有一个小花椒罐子来给饭菜调味，给小孩煮美味可口的饭菜。而在四川，每个妈妈都有一个花椒桶给小孩煮花椒吃。"虽然只是一句玩笑话，但也可以看出这里的饮食习惯，以辣为主以麻入味。很多同学都跟我说过辣椒驱寒，我依旧是不理解，朋友们，你们知道秋裤吗？！

其实这是一篇美食文，我应该多介绍一些川菜名菜以及一些历史传统，不过作为一个南方毛头来说这个实在有点儿班门弄斧。就比如我不知道茴香豆的四种写法，我连辣椒有几种都不清楚。写到这里的时候我想起以前的一件趣事，我和家人在一家川菜馆吃饭，其中有一道剁椒鱼头，那叫一个辣。红辣椒上红灿灿的一片油光，我们一桌人吃了几口鱼肉就满脸通红，对面一个川妹子也点了一道剁椒鱼头，要了个勺子，挖了一勺辣椒入口，就嚼了起来！

第一次去食堂吃饭的时候看到有个窗口在卖一碟碟的小菜，我上前仔细看发现是土豆和卷心菜。说起卷心菜，之前的下饭神剧《孤独的美食家》里卷心菜作为开胃的小菜出场率无疑是最高的，五郎叔有个特点，这个好像很好吃啊，那我就先吃点儿卷心菜吧！舍友极力向我推荐这道小菜的时候我还不以为然。我这人有奇怪的反骨，不让我吃的我偏要尝一尝，让我多吃点儿的又故意不抱兴趣。直到有一天实在按奈不住好奇心，买了一碟辣卷心菜和一碗瘦肉粥，才夹了一口吃脑子就"嘣"的一声炸开了，酸和辣烧得我火急火燎喝了一大口粥才压下去。后来实在受不住辣一股脑倒进稀饭里和其他甜点一起吃，意外地觉得挺爽口……不知道其他人会不会嘲笑我这土鳖吃法（绝对会的！）。综上，口味清淡的我默默地在角落喝稀饭辣得抹眼泪。

以前在中学的时候特别喜欢吃校门口的小摊，冬天戴着暗红色毛线帽的老大爷和老伴出来卖炸物，炸白薯，炸香肠，炸春卷。我每次看着这些吃食的时候都有着看艺术品的心态，所有的食物都被滚烫的热油浇出了诱人的金黄色，一口下去满口酥脆回味十足，有着浓厚的油香味。这时候我妈就要哎呀呀地说我了，说这些路边摊不干净然后自顾自地抽走一串白薯吃了起来。我妈和我一样有莫名其妙的反骨，就连神态表情都一样"喊，这垃圾有什么好吃的？"自己又骂骂咧咧地大快朵颐起来。而上了大学，我却没有这个胆量去乱吃路边摊，也可以说是提不起兴趣来，更多地往食堂跑觉得有家的感觉。妈妈，你什么时候和我一起吃一碗冒菜？

低价窗口一直是川师大的招牌，低至三块三、三块八都有好肉好菜可以吃。跟我妈炫耀之后，她决定把我的生活费减五百……瞧我这嘴欠的。借用一句名家的话，如果一个人想死，那就带他去菜市场。同理带他来食堂也行。食堂总是充满生活的气味和生命力，人们捻动着食指排队等待着热腾腾的饭菜，填饱肚子之后就可以开始新一天的生活，带着填饱的肚子来驱逐秋冬的寒冷，带着吃饱的通红的脸庞来面对一天的学习工作。

清晨天还蒙蒙亮的时候，食堂这座食物工厂就已经开始运作起来。带着朝露的青绿色的蔬果刚被果农摘下就被货车司机运送进学校，司机还在与食堂大叔清点数目的时候，大厨们就已经开始着手清洗和烹制了。食材架子上每一颗西红柿水分饱满，像橘子汽水和青柠汁拥在篮子里跳舞。"啪"的一声，食堂阿姨将一条西葫芦掰开，汁液满溢的淡绿色散发出蔬果的清香。和精瘦的肉丝用大火开炒，花椒煸香，少许盐，一点点糖炒糖色。小窗口内只露出一点点视野的厨房就像查理梦工厂一样，充满了无限可能。海碗一样大的铁勺在锅里上下翻动，锅底下一片火海，锅内却是花红柳绿，香车美玉，温柔乡里的红楼梦。

"阿姨，给我一勺林黛玉！"

"瓜娃子你是不是傻？"

"哦不不，给我刷个三块八。"

一片冷灰色的寒意十足的蜀国秋晨，川师大的这颗热烈的心脏，正有条不紊充满希望地跳动着。

一个闽南的胃，突然有点儿想吃冒菜。

160

每个人都是独立的列车司机

左 夏

在市图书馆听了一场朗诵会，对其中的一段话记忆深刻："人生一世，就好比是一次搭车旅行，要经历无数次上车、下车。时常有事故发生，有时是意外惊喜，有时却是刻骨铭心的悲伤……"——台上白发苍苍却依旧优雅端庄的女士忘情地低吟着这段诗，背景音乐也恰如其分地引人入胜。

她说："降生人世，我们就坐上了生命列车。生命中的所有人都会在某个车站下车，留下我们，孤独无助。"

但我觉得，与其说生命是一次搭车旅行，不如说每个人都是一位独立的列车司机。

你会有自己的乘客，会和不同的人共度一段又一段风景各异的旅程。

中途一定会有人下车——因为你只能载他到这，他的下个目的地与你方向不同。这个时候，不要难过不要忌恨，好好与他珍重再见，祝福他的下段旅程。

有人下车就会有人上车，原先那些人的位置会被新的乘客取而代之——你们会发生新的故事，你将带着这些与你同方向的朋友，去领略和过往不同的五光十色。生命列车不停前行，你将和不同的人产生不同的情愫，爱情、友情、亲情都将交织其中。但亲爱的，你要记得，列车上没有一个人能够陪你自始至终——唯有你自己，始终独自操纵着这辆开往未来的生命列车。

乘客中有的带给你无尽的快乐，有的带给你绵长的愁思，有的令你记忆犹新，而有的却令你转瞬即忘，甚至完全想不起对方的样子。就好比列车也会区分一二等座，你心中的位置也终究亲疏有别，无法平等地分给所有同行的朋友。路过你人生的行人过客与住进你生命的至亲至交，即便同时上车、同时下车，对你的影响也断不相同。

但无论如何，请善待旅途上遇见的所有乘客，找出他们身上的闪光点，用爱去包容阴暗面。即使对方像是不速之客，以突如其来的姿态入侵了你的列车，你也不必坐立不安，因为买错票或者坐错站的乘客，总会在适当的时机下车，及时更改自己的错误。

你所需要做的，就是专心致志地开好自己的生命列车。无须左顾右盼，也无须前瞻后顾，方向明确，一路前行。

旅程中可能会遇到各种突发状况：列车可能会坏，在不熟悉的地段你也可能会迷路，甚至会有人在半途诱惑你交出列车的所有权……也许那个时段的乘客会陪你共同面对，也许那个时候只有你一个人面对心灵的拷问。但无论境况如何糟糕，都请你不要轻易放弃你的生命列车，因为它只属于你一个人，唯有它对你一生忠诚。

不需要担忧坐在身旁的伴侣、朋友会在什么地方下车，你的父母、手足会在什么地方下车……他们自有方向和前途，对此你无从知晓也无法改变。

亲爱的朋友，不要难过不要失落，虽然列车会不停地更换地点和乘客，但中间会发生很多美好的故事，足以慰藉你一路奔波的心酸和落寞。

而那些让你魂牵梦萦念念不忘的人儿，也不一定就此消失在茫茫尘世中。相信吧，只要目的地相同，中途下车的旅客，即使经历千回百转，也终究会在某个站点与你重逢。

生命是一辆不断开进的列车，而开向哪里，你便注定会遇上怎样的人。所以，请好好掌舵，去不同的地点，看不一样的风景，遇见更多有趣的人，经历更多与众不同的故事。

祝福你，旅程愉快。

今 年 夏 天

沐 晴

1

还是初夏，但我们这个南方小城早已热到让人醉生梦死的地步。阳光灿烂得像梦一样不真实，那厚重交叠的绿叶亮得耀眼，学校新建饭堂的粉色条砖在远处发出神秘的光，让人有种要一往无前奔赴未来的想法，想到了"永恒"之类的字眼。

今天全年级要留下来自习，在这大好晴天里，我大手一挥想矫情地抒发一下我对我大六班的深情，但想想这么有活力的景致用来搞伤感实在不明智，而且，那被我们冠以"青春"的美好时光不该是充满元气的吗？

2

通常"老师"的形象无非被学生描写成两种版本：一种是好像在哪儿都能下雨偶遇然后送学生回家，而且每次老师都要淋湿半个肩头；一种是无论何时老师都会严厉地批评你的错误，然后"无意地"以各种理由发现老师原来都是为了你好。

但现实中的老师可真不是那么死板的非严即慈，至少在大六班不是。明明两个都已经是成家立业的大男人了，语文老师和数学老师有时却成熟不起来。他们总有各种理由挑起"矛盾"，有时是因为你用了我的笔，有时是因为一个说另一个字不好看，还有各种奇葩理由，总摆出一副要干架的样子，俨然是俩大男孩儿。

我第一次见这种情形的时候以为真要打起来，想着要不要大义凛然地劝两句。但英语老师见怪不怪，摘下眼镜拿起布认真擦起来，连眼神都不瞟过去，说："别理他们。"果真，他们在"深情"地瞪了几眼之后又走开了，数学老师一脸嫌弃地说："去去去，看见你就烦。"语文老师也拍拍衣服说："我也不喜欢你，你的字就是没我的好看。"从此以后他们就是再摆出一副要你死我活的样子，我都不为所动了。可怜那些不知情的同学一见到此情此景总以为要大战，早叫了几个男同学在办公室门口徘徊，等着什么时候冲进去拯救世界。

3

班主任一定是上一辈子欠了我们一笔债，才在这辈子摊上我们这么皮的学生。流动红旗连续四个学期"大连光"，每次都与我们擦肩而过。班主任泪眼问苍天，有同学大喊："我们崇尚自由！"

就是这样一个被班主任形容为"早读比自习静，自习比闹市吵"的班级，也有其他班级难以想象的神人：我们有文静到海枯石烂的每次考试年级第一的学霸；有以"帅到没人要"自称的自恋狂；有以拯救地球为己任的"救世主"；有能徒手捏死各种小生物的女汉子……不得不提的是，你见过篮球比赛时在球场上用街舞向对手放狠话的吗？

4

在平时，总能听到几句笑死人不偿命的话。看，某炮灰勇让陈萌逗安静一会儿别太吵，谁知陈萌逗捂住胸口一脸痛苦地咆哮："勇勇，勇勇，为什么那么对我，我做错了什么，你为什么要用手遮住脸，为什么要蹲到地上去，为什么不敢直视我！为什么！"题外话，他俩都是男的……

5

时间流逝，我们已经是毕业班的人，尽管不愿接受成长，但那些看似离我们遥远的事情就是在靠近，向你步步紧逼。不愿正视的事——各学科的学习难度增大，升学的压力很真实地在我们班存在并愈发浓重。

下课时全班人待在教室里，或许说笑的那群人当中没有我；或许某个人安心地趴在桌子上，周围散发出宁静的气息；或许每个人都在忙自己的事。但看到你们并和你们在一起，我就感觉到无比安心，任他山崩地裂毫不畏惧。

想起那句歌词："我死在去年夏天……"如果是和你们，我想我会愿意的。感谢你们在我去往不愿提及的未来过程中，还在我身边。

没 有 如 果

王子瑶

　　秋风拂过，落叶飘飘，又是一个秋天。转眼间，我已经从一个稚嫩的孩童变为一个成熟的初中生。站在公共汽车站上孤独地看着来往的车辆，忽然感到了成长的重量。

　　上了公交车，在拥挤的人群中好不容易找到了一个"容身之地"，就又被挤了好几下。正准备对着后面挤我的人皱皱眉头，可发现是几个小学生后，便火气全无。我久久地凝视他们——这些如麻雀般喧闹而可爱的儿童，正对一个初三的大姐姐好奇地指指点点，时不时地笑闹几句，眼里充满了羡慕和憧憬。他们多像以前的我啊，希望快快长大，快快独立，摆脱家长的束缚。

　　现在，我真的长大了，却又想回到小时候那无忧无虑的时光了。真想再和闺密在公交车上一起大笑大叫，或者约上几位好友去图书馆接受墨香的熏陶，甚至让我一个人在海边待一会儿也好呀！

　　如果时间能永远停留在那温暖、辉煌的一刻该有多好！

　　可是人生没有如果，它就如同一列单程车，开过去就永远不再回来。

　　下车后，我挣脱了拥挤的人群，爬上那个露天阳台，想清醒一下自己的脑子。带些惆怅的风吹乱了我的长发，劝慰似的把发丝带到了另一端。不经意地一瞟，却让我大为震惊：两栋大楼之间，耀眼的夕阳正

167

我们相隔人山人海

在缓缓西沉，金如秋叶、红如玫瑰，和我在海上看到的太阳，一样的宁静，一样的安详。原来即使不在海边，即使不再年幼，太阳也是一样的美呢！

时光又何尝不是呢？一味停留在过去的人，只会失去得更多！

画笔还紧握在我的手中，我仍然可以努力描绘出比过去更美好的未来！

不知何时，我的嘴角已挑起了一丝微笑。原来，没有如果，我也能过得很好，现在的时光，同样值得珍惜。

下了天台，在树叶的沙沙中，我不觉加快了脚步，脚下生风，走向仍可以看到太阳的家。